KB052950

산티아고 순례길에서 배우는

한 걸음
한 걸음
스페인어
회화

산티아고 순례길에서 배우는

한 걸음 한 걸음 스페인어회화

초판 1쇄 발행 2023년 1월 10일
2판 1쇄 인쇄 2024년 3월 28일
2판 1쇄 발행 2024년 4월 8일

지은이	천예솔
발행인	임충배
홍보/마케팅	양경자
편집	김인숙, 왕혜영
디자인	정은진
펴낸곳	도서출판 삼육오(PUB.365)
제작	(주)피앤엠123

출판신고 2014년 4월 3일
등록번호 제406-2014-000035호

경기도 파주시 산남로 183-25
TEL 031-946-3196 / FAX 031-946-3171
홈페이지 www.pub365.co.kr

ISBN 979-11-92431-60-4 13770
© 2024 천예솔 & PUB.365

· 저자와 출판사의 허락 없이 내용 일부를 인용하거나 발췌하는 것을 금합니다.
· 저자와의 협의에 의하여 인지는 붙이지 않습니다.
· 가격은 뒤표지에 있습니다.
· 잘못 만들어진 책은 구입처에서 바꾸어 드립니다.
· 본 도서는 『산티아고 순례길에서 배우는 나 홀로 스페인어』 와 주요 내용이 동일한 리커버 도서입니다

산티아고 순례길에서 배우는

한 걸음

¡Buen Camino!

한 걸음

Pamplona

¡Hola!

Burgos

Astorga

스페인어

¡Adiós!

회화

PUB유오

저자 천예솔

학습
방법

〈한 걸음 한 걸음 스페인어회화〉는 회화와 문법 두 마리의 토끼를 잡고 싶은 예비 순례자 혹은 왕초보 스페인어 학습자를 위한 교재입니다. 각 단원은 학습 준비 내용을 담은 첫 페이지, 회화 파트, 문법 파트 이렇게 3단계로 구성되어 있습니다. 마치 순례길을 걷듯 교재를 경험하실 수 있도록 매 7번째 단원이 끝날 때마다 순례길 지도와 인증도장을 받아 갈 수 있으니 그 뿌듯함은 배가 될 거예요!

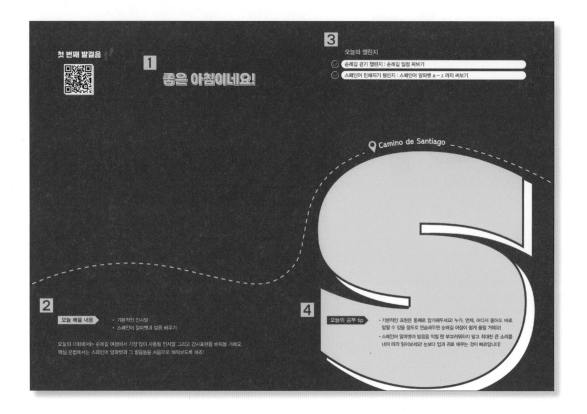

1 각 단원의 핵심표현을 담은 제목을 통해 오늘 배운 내용을 미리 유추해보세요.

2 각 과에서 배우게 될 회화와 문법 내용을 확인하세요.

3 스페인어 공부와 더불어 스페인어와 관련된 챌린지 완수를 통해 스페인어의 매력을 느껴보세요! 예비 순례자들을 위한 〈순례길 걷기 챌린지〉와 왕초보 스페인어 학습자를 위한 〈스페인어 친해지기 챌린지〉 이렇게 두 가지 버전으로 모두 준비해두었습니다.

4 단원별 내용에 따라 제공하는 공부팁을 통해 더 재밌고 효과적으로 스페인어를 학습해보세요.

5 순례길 속 대화문을 통해 회화표현을 익혀보세요. 단원별 주요회화표현은 빨간색으로, 주요 문법표현은 파란색으로 표시해두었어요.

6 대화문에서 배운 회화표현을 문제로 복습해보세요.

7 순례길에서 활용가능한 상황 속 회화표현을 익혀보세요.

8 상황 속 회화표현을 떠올리며 복습해보세요.

9 단원별 핵심 문법을 배워보세요.

10 단원별 핵심 문법 내용을 문제로 복습해보세요.

학습 방법

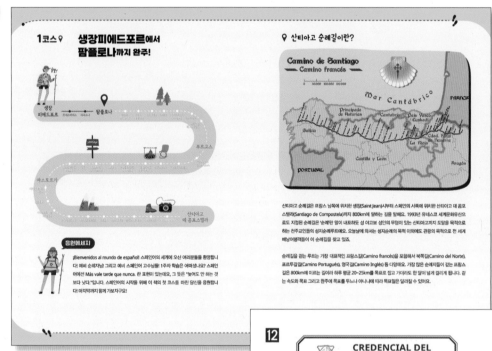

[11] 매 7번째 단원이 종료될 때마다 순례길 지도를 보며 여러분의 스페인어 학습 여정을 체크해 보세요. 또한, 순례길과 스페인어에 대한 정보, 그리고 팁들을 담은 글을 통해 여행을 미리 공부해보세요.

[12] 각 코스 완주시에만 주어지는 인증도장들이 기다리고 있으니 마지막 단원까지 도장들을 모으는 재미도 있어요!

목차

Saint Jean Pied de Port ● ━━━━ 👣 ━━━━ ● Pamplona

○ Burgos

○ Astorga

○ Camino de Santiago

첫 번째 발걸음

좋은 아침이네요!

오늘 배울 내용 ▶
- 기본적인 인사말
- 스페인어 알파벳과 발음 배우기

오늘의 대화에서는 순례길 여행에서 가장 많이 사용될 인사말 그리고 감사표현을 배워볼 거예요.
핵심 문법에서는 스페인어 알파벳과 그 발음들을 처음으로 배워보도록 하죠!

오늘의 챌린지

- ☑ 순례길 걷기 챌린지 : 순례길 일정 짜보기
- ☑ 스페인어 친해지기 챌린지 : 스페인어 알파벳 a – z 까지 써보기

📍 Camino de Santiago

오늘의 공부 tip ➤

- 기본적인 표현은 통째로 암기해두세요! 누가, 언제, 어디서 물어도 바로 말할 수 있을 정도로 연습해두면 순례길 여정이 쉽게 풀릴 거예요!

- 스페인어 알파벳과 발음을 익힐 땐 부끄러워하지 말고 최대한 큰 소리를 내어 따라 읽어보세요! 눈보다 입과 귀로 배우는 것이 빠르답니다!

대화 속에 들어가기

대화 속의 인물이 되어 오늘의 회화표현을 배워볼까요?

Ⓐ ¡Hola, Mina! ¡Buenos días!

안녕, 미나! 좋은 아침!

Ⓑ ¡Hola! ¿Qué tal?

안녕! 별일 없지?

Ⓐ Bien. ¡Gracias! ¿Y tú?

좋지. (물어봐줘서) 고마워! 넌?

Ⓑ Así, así. ¡Hasta pronto!

그저 그렇지 뭐. 곧 보자!

Ⓐ ¡Chao, Mina!

안녕, 미나야!

>> **필수 어휘 외우기**

• bueno, buena	좋은	• malo, mala	나쁜	• *día ♂	요일
• tarde ♀	오후	• noche ♀	밤	• mañana ♀	아침 ♀, 내일 ♂
• cómo	(의문사) 어떻게	• nada	아무것도 아님, 없음(=nothing)		

* ♂은 남성명사, ♀는 여성명사를 표시하는 기호입니다. 스페인어 명사에 존재하는 성(性)은 명사를 꾸며주는 형용사, 관사, 지시사 등에 영향을 주기에 어휘 암기할 때 함께 외워두는 것이 좋아요!

12

대화 확인하기

- - - 대화 속 주요 표현을 떠올리며 복습해 볼까요?

01~05 빈 칸에 들어갈 알맞은 말을 써보세요.

01

¡ _____ !

안녕!

02

¡ _____ días!

좋은 아침이에요!

03

¿ _____ _____ ?

별일 없죠?

04

_____ , _____ .

그저 그렇지 뭐.

05

¡ _____ !

잘가!

정답   ① Hola   ② Buenos   ③ Qué tal   ④ Así, así   ⑤ Chao

상황 속 표현 익히기

대화 속에서 쓰였던 회화표현을 알아볼까요?

1 기본적인 인사말

만났을 때	헤어질 때
¡Hola! 안녕! ¡Buenas! 안녕! ¡Buenos días! 좋은 아침! ¡Buenas tardes! 좋은 오후! ¡Buenas noches! 좋은 밤!	¡Adiós! 잘 가요! ¡Chao! 잘 가요 ! ¡Nos vemos! (곧) 봐요! ¡Hasta luego! 나중에 봐요! ¡Hasta pronto! 곧 봐요! ¡Hasta mañana! 내일 봐요!

2 다양한 안부인사

안부 인사하기	대답하기
¿Qué tal? 잘 지내(요)? ¿Cómo estás (tú)? (*informal) 잘 지내? ¿Cómo está (usted)? (**formal) 잘 지내요? ¿Cómo va? 잘 지내? ¿Cómo va todo? 일은 잘 되가?	Genial. 아주 좋아. Muy bien. 매우 잘 지내. Bien. 잘 지내. Normal. / Regular. 보통이야. Más o menos. / Así, así. 그저 그래. Mal. 안 좋아. Muy mal. 매우 안 좋아. Fatal. 엉망이야.

* informal : 우리말의 반말격으로, 캐쥬얼한 상황이나 편한 사이에서 말하는 격이에요. 일상생활 혹은 여행 중에 쓰고 싶다면 informal 한 표현을 써도 전혀 문제 없어요!

** formal : 우리말의 존대말격으로, 업무상황 혹은 정중하게 말을 해야하는 상황에서 쓰는 격이에요.

3 감사를 표현할 때

감사 인사하기	대답하기
¡Gracias! 고맙습니다! ¡Muchas gracias! 대단히 고맙습니다!	¡De nada! 천만에요! ¡No hay de qué! 천만에요!

표현 확인하기

주요 회화 표현을 확인하며 복습해볼까요? - - - - - - -

01~05 빈 칸에 들어갈 알맞은 말을 써보세요.

01

¡Buenas _____ !

좋은 오후에요!

02

¡ _____ luego!

나중에 봐요!

03

Muy _____ .

매우 잘 지내.

04

¿ _____ estás?

잘 지내? (* informal한 표현)

05

Muchas _____ .

정말 고마워요.

정답 ① tardes   ② Hasta   ③ bien   ④ Cómo   ⑤ gracias

핵심 문법 배우기

오늘의 핵심 문법을 공부해볼까요?

1 스페인어 알파벳

알파벳	이름	알파벳	이름
A a	a [아]	Ñ ñ	eñe [에녜]
B b	be [베]	O o	o [오]
C c	ce [쎄]	P p	pe [뻬]
D d	de [데]	Q q	cu [꾸]
E e	e [에]	R r	erre [에레]
F f	efe [에페]	S s	ese [에쎄]
G g	ge [헤]	T t	te [떼]
H h	hache [아체]	U u	u [우]
I i	i [이]	V v	uve [우베]
J j	jota [호따]	W w	uve doble [우베 도블레]
K k	ka [까]	X x	equis [에끼스]
L l	ele [엘레]	Y y	i griega [이 그리에가], ye [예]
M m	eme [에메]	Z z	zeta [쎄타]
N n	ene [에네]		

핵심 문법 확인하기

핵심 문법 내용을 확인하며 복습해볼까요? - - - - -

01~05 다음 알파벳의 이름을 고르세요.

01

C

a) zeta   b) ce   c) ese   d) cu

02

G

a) ge   b) jota   c) ka   d) equis

03

H

a) ele   b) eme   c) erre   d) hache

04

E

a) i   b) e   c) a   d) o

05

Y

a) ye   b) ele   c) ene   d) eme

정답   ① b   ② a   ③ d   ④ b   ⑤ a

핵심 문법 배우기

오늘의 핵심 문법을 공부해볼까요?

2 스페인어의 발음

1) 모음

철자	a [a]	e [e]	i [i]	o [o]	u [u]
보기	**a**migo [아미고]	**E**lena [엘레나]	h**i**jo [이호]	H**o**la [올라]	**U**r**u**g**u**ay [우루과이]

2) 자음

철자	발음	보기
b	/b/ + a/e/i/o/u	**ba**ile[바일레] / **be**bida[베비다] / **bi**en[비엔] / **bo**nito[보니또] / **bu**eno[부에노]
c	/k/ + a/o/u /θ/ - /s/ + e/i	**ca**sa[까사] / **co**sa[꼬사] / **cu**bo[꾸보] **ce**na[쎄나] / **ci**ne[씨네]
ch	/tʃ/	**cha**leco[찰레꼬] / le**che**[레체] / **cho**colate[초꼬라떼]
d	/d/	**da**do[다도] / **de**do[데도] / **do**ble[도블레]
f	/f/	**fa**mosa[퐈모사] / **fi**rma[퓌르마] / **fo**tografía[포또그라퓌아]
g	/g/ /x/	**ga**to[가또] / **go**ta[고따] / **gu**sto[구스또] **ge**neral[헤네랄] / **gi**gante[히간떼]
h	묵음	**he**rmoso[에르모소] / **ho**mbre[옴브레] / **hu**mo[우모]
j	/x/	**ja**món[하몬] / **ji**rafa[히라퐈] / **ju**go[후고]
k	/k/	**ki**wi[끼위] / koala[꼬알라]
l	/l/	**la**na[라나] / **le**ma[레마] / **li**món[리몬]

ll	/ll/	**lla**ve[야베] / ca**lle**[까예] / po**llo**[뽀요]
m	/m/	**ma**no[마노] / **mo**no[모노] / **mu**ndo[문도]
n	/n/	**na**da[나다] / **ne**gro[네그로] / **no**che[노체]
ñ	/ɲ/	ma**ña**na[마냐나] / espa**ñol**[에스파뇰]
p	/p/	**pa**pel[빠뻴] / **pe**ra[뻬라] / **pe**ro[뻬로]
q	/k/ + e/i	**que**so[께소] / **qui**nce[낀세]
r	/r/	ca**ro**[까로] / ca**re**ta[까레따] / pe**ro**[뻬로]
r	/rr/	**ra**na[라나] / **ri**sa[리사] / **ro**sa[로사] / **ru**sa[루사] al**re**dedor[알레데도르] / En**ri**que[엔리께] / Is**ra**el[이스라엘]
-rr-	/rr/	tie**rra**[띠에라] / te**rre**moto[떼레모또] / ca**rril**[까릴] / ca**rro** - pe**rro**[까로-뻬로]
s	/s/	**sa**l[살] / **Se**rgio[세르히오] / **so**l[솔]
t	/t/	**tie**mpo[띠엠뽀] / **to**tal[또딸] / **tu**rrón[뚜론]
v	/b/	**va**ca[바까] / **vio**lín[비올린] / **vue**lo[부엘로]
x	/ks/ /j/ /s/	e**xa**men[엑싸멘] / **ta**xi[딱씨] Te**xa**s[떼하스] / Mé**xi**co[메히꼬] **xe**nofobia[쎄노포비아] / **xi**lófono[씰로포노]
y	/y/ - /i/	**ye**rno[예르노] / a**yer**[아예르] **ho**y[오이] **y**[이]
z	/θ/ - /s/ + a/o/u	**za**pato[싸뻬또] / **zo**rro[쏘로] / **zu**mo[쑤모]
G, Q + UE, UI	G, Q + 이중모음 UE, UI 와 만날 때 주의해야한다.	**gue**rra[게라], **gui**so[기소], **que**so[께소], a**quí**[아끼] 단, 이 법칙은 u위에 ¨ 표시가 생기면 없어져요. 예) ver**güe**nza[베르구엔싸]

- /θ/발음이 나는 알파벳은 c, z가 있는데요. 주로 스페인에서 일명 "번데기발음(θ)"이 많이 나고 라틴아메리카에선 우리말의 시옷 발음(s)이 많이 나요.
- 'ch', 'll', 'rr'는 독립적 알파벳 철자는 아니지만, 독자적인 발음을 가져요. 자음의 발음은 지역별, 국가별로 차이가 있을 수 있어요. 예를 들어, llave(열쇠)란 단어는 지역&국가에 따라 "야베", "쟈베", "샤베" 등으로 발음날 수 있어요.
- 'r' 이 단어의 맨 앞에 올 때 혹은 rr으로 연달아 두개가 올 때 혹은 자음 'n, s, l' 다음에 올 때에 /rr/로 발음되니 주의해주세요!

핵심문법 확인하기

핵심 문법 내용을 확인하며 복습해볼까요? - - - -

01~02 다음 단어의 발음으로 가장 가까운 것은?

01

casa

a) 가사　　　　b) 까사　　　　c) 께사　　　　d) 칸싸

02

guiso

a) 게소　　　　b) 구이소　　　　c) 기소　　　　d) 기조

03~05 밑줄 친 부분과 비슷한 소리가 나는 것은?

03

gigante

a) hijo　　　　b) gato　　　　c) gota　　　　d) gusto

04

vaca

a) béisbol　　　　b) madre　　　　c) llave　　　　d) hermano

05 밑줄 친 부분과 비슷한 소리가 나지 않는 것은?

rosa

a) radio　　　　b) perro　　　　c) rusa　　　　d) hermano

정답　① b　② c　③ a　④ a　⑤ d

20

06 다음 알파벳의 이름을 작성하세요.

알파벳	이름	알파벳	이름
A a	_____	Ñ ñ	_____
B b	_____	O o	_____
C c	_____	P p	_____
D d	_____	Q q	_____
E e	_____	R r	_____
F f	_____	S s	_____
G g	_____	T t	_____
H h	_____	U u	_____
I i	_____	V v	_____
J j	_____	W w	_____
K k	_____	X x	_____
L l	_____	Y y	_____
M m	_____	Z z	_____
N n	_____		

저기, 이름이 뭐예요?

오늘 배울 내용 ▶
- 자기소개와 관련한 표현 배우기
- 스페인어 동사의 인칭에 따른 변화형과 스페인어의 be 동사 ser

오늘의 대화에서는 자기소개를 위한 이름, 직업, 국적을 묻는 질문과 대답을 배워보기로 해요.
핵심 문법에서는 스페인어의 동사변화에 대해 이해하고 영어의 be 동사와 같은 동사 ser를 배워보기로
해요.

오늘의 챌린지

✓ 순례길 걷기 챌린지 : 인사말 2개 암기하기

✓ 스페인어 친해지기 챌린지 : 스페인어식 이름 만들어보기

📍 Camino de Santiago

오늘의 공부 tip ▶
- 질문과 대답은 하나의 세트처럼 묶어서 함께 암기해주세요.
- 스페인어의 동사변화는 스페인어 학습의 기본이 되는 것! 충분히 숙지하고 넘어가도록 해요!

대화 속에 들어가기

대화 속의 인물이 되어 오늘의 회화표현을 배워볼까요?

Ⓐ ¿Cómo te llamas?

너는 이름이 뭐야?

Ⓑ Me llamo Mina.

나는 미나라고 해.

Ⓐ Mi nombre es Roberto.

내 이름은 로베르토야.

Ⓑ ¡Encantada, Roberto!

반갑다, 로베르토!

Ⓐ ¡Igualmente, Mina! ¿Cuál es tu apellido?

나도 마찬가지야. 미나야. 너의 성은 뭐니?

Ⓑ Mi apellido es Sohn. ¿Eres español?

내 성은 손이야. 너는 스페인사람이야?

Ⓐ No, no soy de España. Soy italiano.

아니, 나는 스페인 출신이 아니야. 나는 이탈리아인이야.

Ⓑ ¿Cuál es tu profesión, Roberto?

너의 직업은 뭐야, 로베르토?

Ⓐ Yo soy periodista y escritor.

나는 기자이자 작가야.

Ⓑ ¡Yo también!

나도야!

》 **필수 어휘 외우기**

• nombre ♂	이름	• apellido ♂	성	• cómo (의문사)	어떻게
• cuál (의문사)	어느 것	• de	~로부터, ~출신의	• igualmente	마찬가지로, 동일하게
• escritor ♂, escritora ♀	작가	• periodista ♂♀	기자	• italiano, italiana	이탈리아인의
• español, española	스페인인의	• encantado/a	기쁜상태의 (=만나서 반가워요.)		

대화 확인하기

대화 속 주요 표현을 떠올리며 복습해 볼까요?

01~05 빈 칸에 들어갈 알맞은 말을 써보세요.

01

¿Cómo _____ _____ ?

너는 이름이 뭐야?

02

_____ _____ Mina.

나는 미나라고 해.

03

_____ _____ es Roberto.

내 이름은 로베르토야.

04

¿Cuál es _____ _____ ?

너의 성은 뭐니?

05

Yo soy _____ .

나는 기자야.

정답   ① te llamas   ② Me llamo   ③ Mi nombre   ④ tu apellido   ⑤ periodista

상황 속 표현 익히기

대화 속에서 쓰였던 회화표현을 알아볼까요? ----→

1 이름 소개하기

이름을 묻는 질문 ¿Cómo te llamas?는 조금 독특한 표현인데요, 직역하자면 "어떻게 너는 불리니?"라는 뜻이 됩니다. 뒤에서 재귀동사를 배울 때 이 문장의 원리에 대해 더 자세히 다루기로 하고, 이번 발걸음에서는 통째로 암기하는 걸 추천해요!

질문하기	대답하기
¿Cómo te llamas? 이름이 뭐야? ¿Cuál es tu nombre? 너의 이름은 뭐야? ¿Cuál es tu apellido? 너의 성은 뭐야?	Me llamo Mina. 나는 미나라고 불려. Mi nombre es Mina. 나의 이름은 미나야. Mi nombre es Son. 나는 손씨야.

2 직업 묻기

질문하기	대답하기
¿Cuál es tu trabajo? 너의 직업은 뭐야? ¿Cuál es tu profesión? 너의 직업은 뭐야? ¿A qué te dedicas? 어느 분야에 종사하니?	Mi trabajo es profesor(profesora). 내 직업은 선생님이야. Soy profesor(profesora). 나는 선생님이야.

3 국적 묻기

질문하기	대답하기
¿De dónde eres? 너는 어디 출신이야? ¿Cuál es tu nacionalidad? 너의 국적은 뭐야?	Soy de Corea del Sur. 나는 대한민국 출신이야. Soy coreano(coreana). 나는 한국인이야.

4 응답하기

긍정적인 응답하기	부정적인 응답하기
Sí. 응. / 네.	No. 아니. / 아니요.

표현 확인하기

주요 회화 표현을 확인하며 복습해볼까요?

01~05 빈 칸에 들어갈 알맞은 말을 써보세요.

01

¿Cuál es _____ _____ ?

너의 이름은 뭐야?

02

_____ _____ es Mina.

내 이름은 미나야.

03

¿Cuál es _____ _____ ?

너의 직업은 뭐야?

04

Mi trabajo es _____ .

내 직업은 선생님이야.

05

¿_____ _____ eres?

너는 어디 출신이야?

정답   ① tu nombre ② Mi nombre ③ tu profesión, tu trabajo ④ profesor, profesora ⑤ De dónde

핵심 문법 배우기

오늘의 핵심 문법을 공부해볼까요?

1 인칭 그리고 시제에 따라 변화하는 동사

인칭은 화자, 그러니까 주어의 종류에 따라 달라져요. 스페인어엔 아래처럼 총 6가지 인칭이 있어요.

인칭	단수형	복수형
1인칭	yo 나	nosotros, nosotras 우리들
2인칭	tú 너	** vosotros, vosotras 너희들
3인칭	él 그 / ella 그녀 / *usted 당신	ellos 그들 / ellas 그녀들 / ustedes 당신들

* usted은 우리말의 '당신'처럼 '너'라는 지칭보단 정중한 의미를 담은 존칭어라고 생각해주세요. 주로 정중한 표현을 할 때나 격식 있는 자리에서 많이 쓰게 된답니다.
** vosotros, vosotras는 스페인에서만 쓰이는 표현인데요, 라틴아메리카에선 이 표현보다 ustedes를 통해 너희들, 당신들 모두를 지칭하게 돼요.

핵심 문법 확인하기

핵심 문법 내용을 확인하며 복습해볼까요? - - - -

01~05 다음 뜻을 가진 어휘를 고르세요.

01

나

a) yo   b) tú   c) él   d) usted

02

너

a) yo   b) tú   c) él   d) usted

03

당신

a) yo   b) tú   c) él   d) usted

04

너희들

a) nosotros   b) vosotros   c) ellos   d) ustedes

05

당신들

a) nosotros   b) vosotros   c) ellos   d) ustedes

정답   ① a   ② b   ③ d   ④ b   ⑤ d

핵심 문법 배우기

오늘의 핵심 문법을 공부해볼까요?

2 동사 ser

영어의 be 동사격인 동사 ser! 주어의 성질, 성격, 직업, 관계, 출신 등을 표현할 때 쓰이게 됩니다.

ser ～이다			
yo	soy	nosotros, nosotras	somos
tú	eres	vosotros, vosotras	sois
él, ella, usted	es	ellos, ellas, ustedes	son

예문)

· (Yo) Soy coreana. 나는 한국인이야.

· Tú eres de Japón. 너는 일본 출신이야.

· Usted es bueno. 당신은 좋은 사람이에요.

· Nosotros somos estudiantes. 우리는 학생이야.

· Vosotras sois chinas. 너희들은 중국인이야.

· Ellos no son malos. 그들은 나쁜 사람이 아니야.

01~05 다음 빈 칸에 들어갈 가장 알맞은 말을 써보세요.

01

Yo _____ **coreana.**

나는 한국인이야.

02

_____ _____ **de Japón.**

너는 일본 출신이야.

03

_____ **es coreano.**

그는 한국인이야.

04

Ellos no _____ **malos.**

그들은 나쁜 사람이 아니야.

05

Vosotras _____ **españolas.**

너희들은 스페인 여자들이야.

정답 ① soy   ② Tú eres   ③ Él   ④ son   ⑤ sois

세 번째 발걸음

스페인어 할 줄 알아요?

오늘 배울 내용

- 언어와 관련된 표현 배우기
- 동사 Estar 와 Hablar 배우기
- 의문문 만들기

오늘의 대화에서는 언어와 관련된 표현을 배워볼 거예요
핵심 문법에서는 동사 hablar, 지난 발걸음에 이어 스페인어의 be 동사 estar를 배우고 의문문 만드는
법에 대해 배울거예요!

오늘의 챌린지

- ✓ 순례길 걷기 챌린지 : 순례길 관련 유튜브 영상 2개 보기
- ✓ 스페인어 친해지기 챌린지 : 스페인어 숫자(0~10) 암기하기

📍Camino de Santiago

오늘의 공부 tip

- "스페인어 할 줄 알아요?"란 질문은 스페인어권 여행시 어쩌면 가장 많이 들을 질문이지도 몰라요!
- 지난 발걸음에서 배운 동사변형에 대한 이해를 바탕으로 점차 동사들을 늘려가자구요!

대화 속에 들어가기

- - - 대화 속의 인물이 되어 오늘의 회화표현을 배워볼까요? - - - - -

A **¿Hablas español?**

스페인어 할 줄 알아?

B **Sí, pero un poco.**

응. 하지만 조금밖엔 못해.

A **Está bien. Yo hablo coreano un poquito.**

괜찮아. 나는 한국어 쬐끔 해.

B **Jajaja. El español no es fácil, ¿verdad?**

ㅎㅎㅎ. 스페인어는 쉽지 않지, 그치?

A **Sí. Pero me hablas en español, por favor.**

맞아. 하지만 나에겐 스페인어로 말해줘, 부탁해.

>> **필수 어휘 외우기** ─────────────────────

• español ♂	스페인어	• coreano ♂	한국어	• inglés ♂	영어
• bien	잘, 좋은	• un poco	조금, 약간	• un poquito	쪼끔, 야~악간
• pero	하지만, 그러나	• fácil	쉬운	• difícil	어려운
• ¿verdad?	그지? 진짜지?	• Por favor.	부탁해(요).		

대화 확인하기

대화 속 주요 표현을 떠올리며 복습해 볼까요?

01~05 빈 칸에 들어갈 알맞은 말을 써보세요.

01

¿ _____ español?

스페인어 할 줄 알아?

02

Sí, pero _____ _____ .

응. 하지만 조금밖엔 못해.

03

_____ bien.

괜찮아.

04

¿ _____ ?

그치?

05

_____ _____ .

부탁해.

정답 ① Hablas ② un poco ③ Está ④ Verdad ⑤ Por favor

상황 속 표현 익히기

대화 속에서 쓰였던 회화표현을 알아볼까요? - - - - -

■ 언어와 관련된 표현하기

질문하기	대답하기
¿Hablas español? 스페인어 할 줄 알아요?	Sí, hablo español. 네, 스페인어 할 줄 알아요. No, no hablo español. 아니오, 스페인어 할 줄 몰라요. (Hablo)Un poco. 조금 할 줄 알아요. (Me puedes hablar)Un poco más despacio, por favor. 조금 천천히 해주세요. (Me puedes hablar)*En inglés, por favor. 영어로 해주세요.

* 전치사 en 뒤에 언어를 붙이면 "(무슨무슨) 언어로"라는 표현이 만들어져요.

표현 확인하기

주요 회화 표현을 확인하며 복습해볼까요? - - - - -

01~05 빈 칸에 들어갈 알맞은 말을 써보세요.

01

_____ _____ .

스페인어 할 줄 알아요.

02

_____ _____ _____ .

스페인어 할 줄 몰라요.

03

Hablo _____ _____ .

조금 할 줄 알아요.

04

Un poco más _____ **, por favor.**

조금 천천히 해주세요.

05

_____ _____ **, por favor.**

영어로 해주세요.

정답   ① Hablo español   ② No hablo español   ③ un poco   ④ despacio   ⑤ En inglés

핵심 문법 배우기

오늘의 핵심 문법을 공부해볼까요?

1 동사 estar

지난 발걸음에서 배웠던 동사 ser 에 이어 스페인어의 be 동사 estar 동사는 주어의 상태(=컨디션)와 주어의 위치를 나타 낼 때 쓰이게 됩니다.

estar ～한 상태이다 / ～에 위치하다			
yo	estoy	nosotros, nosotras	estamos
tú	estás	vosotros, vosotras	estáis
él, ella, usted	está	ellos, ellas, ustedes	están

예문)

· *Estoy muy bien. (나는 상태가) 아주 좋아.

· ¿Cómo estás tú? 너는 상태가 어때?

· Él no está en casa. 그는 집에 없어.

· Nosotras estamos en España. 우리들은 스페인에 있어.

* Yo estoy muy bien. 이란 문장이겠지만, Estoy muy bien. 이라고 써도 되는 이유?! 스페인어는 주어생략이 가능하기 때문이겠죠?
  동사변형이 주어의 인칭에 따라 바뀌기에 굳이 주어를 쓰지 않아도 동사만 보고도 주어를 추측할 수 있어요.

핵심 문법 확인하기

핵심 문법 내용을 확인하며 복습해볼까요? ----

01~05 빈 칸에 들어갈 알맞은 말을 써보세요.

01

Yo _____ muy bien.

나는 상태가 아주 좋아.

02

Tú _____ _____ muy bien.

너는 상태가 좋지 않아.

03

¿_____ _____ tú?

너는 상태가 어때?

04

Él _____ en casa.

그는 집에 있어.

05

Nosotros _____ en España.

우리들은 스페인에 있어.

정답 ① estoy   ② no estás   ③ Cómo estás   ④ está   ⑤ estamos

핵심 문법 배우기

오늘의 핵심 문법을 공부해볼까요?

2 동사 hablar

동사 hablar는 영어의 speak와 유사한 동사이구요, 앞서 배운 ser, estar와 달리 현재형 시제에서 규칙적인 형태로 변화하는 동사에요.

hablar 말하다			
yo	hablo	nosotros, nosotras	hablamos
tú	hablas	vosotros, vosotras	habláis
él, ella, usted	habla	ellos, ellas, ustedes	hablan

예문)

· Yo hablo español. 나는 스페인어 할 줄 알아요.
· ¿Hablas coreano? 한국어 할 줄 아니?
· Hablamos en inglés. 우리는 영어로 이야기해요.

3 스페인어로 의문문 만들기

스페인어 의문문 만드는 건 정말 쉽답니다! 평서문을 의문문으로 만들 땐 앞뒤에 물음표를 붙여주고, 말할 때 뒤를 올려서 읽어주면 되고요. 의문사가 포함된 의문문일 땐, 의문사 + 동사 + (주어) 순으로 써주면 됩니다.

예문)

· (평서문) Hablas coreano. 너는 한국어를 해
· (의문문) ¿Hablas coreano? 한국어 할 줄 알아?

· (의문사가 있는 의문문) ¿Cómo estás tú? 너는 상태가 어떠니?
· (의문사가 있는 의문문) ¿Cómo eres tú? 너는 어떤 사람이니?

핵심 문법 확인하기

핵심 문법 내용을 확인하며 복습해볼까요? - - - - ->

01~05 빈 칸에 들어갈 알맞은 말을 써보세요.

01

Yo _____ coreano.

나는 한국어를 할 줄 알아요.

02

¿ _____ español?

너는 스페인어 할 줄 아니?

03

Hablamos _____ _____ .

우리는 영어로 이야기해요.

04

_____ en coreano.

(우리) 한국어로 이야기하자.

05

¿Vosotros _____ coreano?

너희들은 한국어를 할 줄 아니?

정답 ① hablo   ② Hablas   ③ en inglés   ④ Hablamos   ⑤ habláis

몇 살이에요?

오늘의 대화에서는 숫자와 관련된 표현을 배워볼 거예요
핵심 문법에서는 존재의 유무 표현을 위한 동사 hay와 나이 표현을 위한 동사 tener를 배우고 부정문
만들기를 배워보도록 해요.

📍Camino de Santiago

오늘의 공부 tip

- 이번 발걸음의 포인트는 숫자암기입니다!
- 동사들이 점점 쌓여가요. 이때까지 배운 동사들의 현재형 변화형태를 잘 암기해주세요!

대화 속에 들어가기

- - - 대화 속의 인물이 되어 오늘의 회화표현을 배워볼까요? - - - - -

A **¿Qué hora es ahora?**

지금 몇 시야?

B **Son las dos de la tarde.**

오후 2시야.

A **¿No tienes plan hoy?**

오늘 계획 없어?

B **No, no tengo. ¿Tú tienes plan?**

응, 없어. 너는 계획 있어?

A **No, pero hay una película nueva en el cine.**

없어, 하지만 영화관에서 새로운 영화가 있다더라.

B **¿A qué hora abre el cine?**

몇 시에 영화관이 열지?

A **A las tres.**

3시에.

B **¡Vamos!**

가자!

≫ **필수 어휘 외우기** ────────────────────────────

• qué	(의문사) 무엇 (what)	• hora ♀	(몇) 시	• ahora	지금
• tarde ♀	오후	• plan ♂	계획	• película ♀	영화
• nuevo, nueva	새로운	• cine ♂	영화관	• tener	갖다
• abrir	열다				

01~05 빈 칸에 들어갈 알맞은 말을 써보세요.

01

¿_____ _____ es ahora?

지금 몇 시야?

02

Son _____ _____ .

2시야.

03

¿No tienes _____?

계획없어?

04

¿____ _____ _____ abre el cine?

몇 시에 영화관이 열지?

05

____ _____ _____.

3시에 (열어).

정답   ① Qué hora   ② las dos   ③ plan   ④ A qué hora   ⑤ A las tres

상황 속 표현 익히기

대화 속에서 쓰였던 회화표현을 알아볼까요?

1 기본숫자 익히기

숫자 암기의 꿀팁! 우선 0~10 / 11 ~ 20 / 21~29 단위로 끊어서 암기해보세요.

0 cero	10 diez	20 veinte
1 uno	11 once	21 veintiuno
2 dos	12 doce	22 veintidós
3 tres	13 trece	23 veintitrés
4 cuatro	14 catorce	24 veinticuatro
5 cinco	15 quince	25 veinticinco
6 seis	16 dieciséis	26 veintiséis
7 siete	17 diecisiete	27 veintisiete
8 ocho	18 dieciocho	28 veintiocho
9 nueve	19 diecinueve	29 veintinueve

숫자 30부터는 암기가 더욱 쉬워져요. 접속사 y (그리고) 를 활용하여 31은 treinta y uno(=삼십 그리고 일)라고 읽게 되거든요!

30 treinta	40 cuarenta	74 setenta y cuatro
31 treinta y uno	41 cuarenta y uno	79 setenta y nueve
32 treinta y dos	46 cuarenta y seis	80 ochenta
33 treinta y tres	50 cincuenta	81 ochenta y uno
34 treinta y cuatro	52 cincuenta y dos	88 ochenta y ocho
35 treinta y cinco	57 cincuenta y siete	90 noventa
36 treinta y seis	60 sesenta	92 noventa y dos
37 treinta y siete	63 sesenta y tres	99 noventa y nueve
38 treinta y ocho	68 sesenta y ocho	100 cien
39 treinta y nueve	70 setenta	

표현 확인하기

주요 회화 표현을 확인하며 복습해볼까요?

01~10 다음 숫자를 읽고 써보세요.

01	5		06	32

02	8		07	50

03	11		08	70

04	15		09	80

05	21		10	99

정답 ① cinco ② ocho ③ once ④ quince ⑤ veintiuno ⑥ treinta y dos
⑦ cincuenta ⑧ setenta ⑨ ochenta ⑩ noventa y nueve

상황 속 표현 익히기

대화 속에서 쓰였던 회화표현을 알아볼까요?

2 시간표현하기

시간표현을 할 때는 반드시「la, las + 숫자」로 말해주세요!

질문하기	대답하기
¿Qué hora es ahora? 지금 몇 시에요? ¿Tienes hora? 몇 시에요?	(Es) La una. 1시에요. (Es) La una de la mañana. 새벽 1시에요. (Son) Las dos. 2시에요. (Son) Las dos de la tarde. 오후 2시에요. (Son) Las dos y diez. 2시 10분이에요. (Son) Las dos y cuarto. 2시 15분이에요. (Son) Las dos y media. 2시 반이에요.

3 영업시간묻기

현재시간을 묻는 것이 아닌 특정한 사건과 이벤트의 시간을 물을 때는 전치사 a 가 붙는다는 점 기억해주세요!

질문하기	대답하기
¿A qué hora abre este restaurante? 이 식당은 몇 시에 여나요?	Abre a la una. 1시에 열어요.
¿A qué hora cierra este restaurante? 이 식당은 몇 시에 닫아요?	Cierra a las diez. 10시에 닫아요.
¿A qué hora empieza este restaurante? 이 식당은 몇 시에 시작해요?	Empieza a las nueve de la mañana. 아침 9시에 시작해요.
¿A qué hora termina este restaurante? 이 식당은 몇 시에 끝나요?	Termina a las once de la noche. 밤 11시에 끝나요.

4 나이표현하기

스페인어로 나이표현하는 방법은 조금 독특한데요. "~를 갖다"라는 뜻의 동사 tener를 사용하여 "~의 나이를 갖고 있어"라고 표현합니다. 마치 나무가 되어 "나무테 몇 개를 갖고 있어"라는 의미의 표현이란 걸 잘 기억해주세요!

질문하기	대답하기
¿Cuántos años tienes? 몇 살이야?	(Tengo) Treinta y cinco (años). 35살이야.

표현 확인하기

주요 회화 표현을 확인하며 복습해볼까요? - - - - -

01~05 빈 칸에 들어갈 알맞은 말을 써보세요.

01

¿＿＿＿＿ ＿＿＿＿＿ ＿＿＿＿＿ ＿＿＿＿＿＿＿ ?

지금 몇 시에요?

02

Es ＿＿＿＿＿ ＿＿＿＿＿ de la mañana.

새벽 1시에요.

03

Son las dos ＿＿＿ ＿＿＿＿＿ .

2시 반이에요.

04

¿＿＿＿ ＿＿＿＿＿ ＿＿＿＿＿ abre este restaurante?

이 식당은 몇 시에 여나요?

05

¿Cuántos años ＿＿＿＿＿＿ ?

몇 살이야?

정답 ① Qué hora es ahora   ② la una   ③ y media   ④ A qué hora   ⑤ tienes

핵심 문법 배우기

오늘의 핵심 문법을 공부해볼까요?

1 동사 hay

동사 hay 는 존재의 유무(있다, 없다)를 표현할 때 쓰는 동사로 광범위하게 쓰이는 필수동사 중 하나에요. 아래 표와 같이 3인칭 단수형태로만 존재하며 앞에 주어가 오지 않는 비인칭동사에요.

haber ~가 있다			
yo	-	nosotros, nosotras	-
tú	-	vosotros, vosotras	-
él, ella, usted	hay (비인칭)	ellos, ellas, ustedes	-

예문)

· Hay un perro. 한 마리의 개가 있다.
· No hay nada. 아무것도 없다.
· Hay mucha gente en la calle. 길거리에 많은 사람들이 있다.
· ¿Hay agua? 물 있나요?

핵심 문법 확인하기

핵심 문법 내용을 확인하며 복습해볼까요? - - - - - - -

01~05 빈 칸에 들어갈 알맞은 말을 써보세요.

01

_____ un perro.

한 마리의 개가 있다.

02

No _____ nada.

아무것도 없다.

03

_____ mucha gente en la calle.

길거리에 많은 사람들이 있다.

04

¿_____ agua?

물 있나요?

05

_____ _____ _____ .

물 없어요.

정답 ① Hay   ② hay   ③ Hay   ④ Hay   ⑤ No hay agua

핵심 문법 배우기

오늘의 핵심 문법을 공부해볼까요?

2 동사 tener

동사 tener는 "~를 갖다, 소유하다" 란 뜻의 현재형 불규칙 변화 동사에요. 활용가능성이 무궁무진한 동사이니 반드시 변화형태를 숙지하고 가셔야해요!

tener 갖다, 소유하다			
yo	tengo	nosotros, nosotras	tenemos
tú	tienes	vosotros, vosotras	tenéis
él, ella, usted	tiene	ellos, ellas, ustedes	tienen

예문)

· Tengo veintinueve años.   나는 29살이야.
· ¿Cuántos años tienes?   (너는) 몇 살이니?
· ¿Cuántos hermanos tienes?   (너는) 몇 명의 형제들이 있어?
· Tenemos tiempo.   우린 시간 있어.

3 스페인어로 부정문 만들기

스페인어로 부정문 만들기는 지난 발걸음에서 배웠던 의문문 만들기보다 더 쉽습니다. 동사 앞에 No 를 붙여주면 끝!

예문)

· No tengo tiempo.   나는 시간없어.
· No tienes hermano.   너는 형제가 없어.
· No soy de Corea.   나는 한국 출신이 아니야.
· No hablo español.   나는 스페인어 못 해.

핵심 문법 확인하기

핵심 문법 내용을 확인하며 복습해볼까요? - - - - -

01~05 빈 칸에 들어갈 알맞은 말을 써보세요.

01

_____ **veintiocho años.**

나는 28살이야.

02

¿Cuántos hermanos _____ **?**

(너는) 몇 명의 형제들이 있어?

03

_____ **tiempo.**

우린 시간 있어.

04

_____ _____ **tiempo.**

나는 시간이 없어.

05

_____ _____ **español.**

나는 스페인어를 못 해.

정답   ① Tengo   ② tienes   ③ Tenemos   ④ No tengo   ⑤ No hablo

다섯 번째 발걸음

생일이 언제예요?

오늘의 대화에서는 날짜&요일과 관련한 표현을 배워볼 거예요
핵심 문법에서는 앞에서 배운 ser, estar, hay 동사를 비교하며 문장을 만들어보고 동사 ir를
배워볼 예정이에요.

✓ 순례길 걷기 챌린지 : 순례길 관련 블로그글 1개 이상 읽기

✓ 스페인어 친해지기 챌린지 : 스페인어로 나라명 4개 이상 암기하기

📍Camino de Santiago

오늘의 공부 tip ▶
- 이번 발걸음의 포인트는 날짜&요일 관련 어휘 암기입니다.
- 미묘하게 쓰임과 의미가 다른 동사들을 배울 예정이에요. 그럴 땐 예문을 통해 이해를 하는 것이 중요해요!

대화 속에 들어가기

--- 대화 속의 인물이 되어 오늘의 회화표현을 배워볼까요? ------

A **Oye, ¿qué día es hoy?**

야, 오늘 무슨 요일이지?

B **Hoy es martes.**

오늘 화요일이야.

A **¿Cuándo es tu cumpleaños?**

너 생일이 언제야?

B **Mi cumpleaños es el 10 de julio.**

내 생일은 7월 10일이야.

A **¡Es mañana!**

내일이네!

B **No, no. Es jueves.**

아니, 아니야. 목요일이지.

≫ **필수 어휘 외우기** ─────────────────────────────

• Oye (informal)	야, 저기!	• día ♂	요일, 낮	• cuándo	(의문사) 언제
• cumpleaños ♂	생일	• jueves ♂	목요일		

대화 확인하기

- - - 대화 속 주요 표현을 떠올리며 복습해 볼까요?

01~05 빈 칸에 들어갈 알맞은 말을 써보세요.

01

¿ _____ _____ es hoy?

오늘 무슨 요일이지?

02

Hoy _____ martes.

오늘 화요일이야.

03

¿ _____ _____ tu cumpleaños?

너 생일이 언제야?

04

¡Es _____ !

내일이네!

05

Es _____ .

목요일이야.

정답   ① Qué día   ② es   ③ Cuándo es   ④ mañana   ⑤ jueves

상황 속 표현 익히기

대화 속에서 쓰였던 회화표현을 알아볼까요?

1 요일 표현 익히기

요일과 날짜 표현은 관련 어휘를 암기하는 것이 필수겠죠?

질문하기	대답하기
¿Qué día es hoy? 오늘 무슨 요일이에요?	Hoy es martes. 오늘은 화요일이에요.

día	일	lunes	월요일	ayer	어제
semana	주	martes	화요일	hoy	오늘 / 금일
mes	월 / 달	miércoles	수요일	mañana	내일
año	년	jueves	목요일	antes de ayer / anteayer	그제
		viernes	금요일	pasado mañana	모레
		sábado	토요일		
		domingo	일요일		

2 날짜 표현 익히기

스페인어 날짜 표현은 우리말과는 반대로 일 → 월 → 년 순으로 표기해요.

질문하기	대답하기
¿Qué fecha es hoy? 오늘 날짜가 뭐예요? ¿Cuál es la fecha de hoy? 오늘 날짜가 뭐예요? ¿Cuándo es tu cumpleaños? 너의 생일은 언제야?	Hoy es veinte de agosto. 오늘은 8월 20일이야. Mi cumpleaños es el dos de diciembre. 내 생일은 12월 2일이야.

enero	1월	julio	7월
febrero	2월	agosto	8월
marzo	3월	septiembre	9월
abril	4월	octubre	10월
mayo	5월	noviembre	11월
junio	6월	diciembre	12월

01~05 빈 칸에 들어갈 알맞은 말을 써보세요.

01

¿_____ _____ _____ _____ ?

오늘 무슨 요일이에요?

02

¿_____ _____ _____ _____ ?

오늘 날짜가 뭐예요?

03

¿_____ **es** _____ _____ ?

너의 생일은 언제야?

04

Mi cumpleaños es el _____ _____ _____ .

내 생일은 7월 10일이야.

05

Hoy es _____ _____ _____ .

오늘은 9월 14일이야.

핵심 문법 배우기

오늘의 핵심 문법을 공부해볼까요?

1 동사 ser, estar, hay 비교하기

두 번째~네 번째 발걸음에서 배운 동사들은 의미적으로 헷갈릴 수 있는 동사들이에요. 반드시 예문을 통해 이해하는 것이 중요해요. 동사 ser 는 주어의 잘 변하지 않는 성질, 성격, 출신, 외모, 관계 등을, 동사 estar는 주어의 변화하는 컨디션, 위치값을 나타낼 때 써요. 동사 hay는 존재의 유무(있다, 없다)를 표현할 때 쓰는 동사에요.

동사	ser	estar	hay
설명	주어의 성질, 성격, 출신, 직업, 관계 등을 표현할 때 쓰는 동사로, 잘 변하지 않는 속성을 나타낼 때 쓰임	주어의 상태와 위치를 나타낼 때 쓰는 동사	명사의 존재의 유무를 나타내기 위해 쓰는 동사로, 불특정한 명사(부정관사, 부정사+명사 등)만 뒤에 올 수 있음
예문	Mi madre es feliz. 나의 어머니는 행복한 성격의 사람이야.	Mi madre está feliz. 나의 어머니는 행복한 상태야.	
		Mi madre está en casa. 우리 어머니는 집에 계셔.	Hay una madre. 한 명의 어머니가 있다.

핵심 문법 확인하기

핵심 문법 내용을 확인하며 복습해볼까요?

01~05 빈 칸에 들어갈 알맞은 말을 써보세요.

01

Yo _____ feliz.

나는 행복한 성격의 사람이야.

02

Yo _____ feliz.

나는 행복한 상태야.

03

Mi madre _____ en casa.

우리 어머니는 집에 계셔.

04

_____ una mujer en casa.

집에 한 여성이 있다.

05

Mi madre _____ bien.

우리 어머니는 괜찮으셔.

정답　① soy　② estoy　③ está　④ Hay　⑤ está

핵심 문법 배우기

오늘의 핵심 문법을 공부해볼까요?

2 동사 ir

동사 ir는 '가다' 란 뜻의 현재형 불규칙 변화 동사에요. 특히「ir a 동사원형」구문으로 쓰여, '~할 예정이다'라는 미래형 표현으로도 많이 쓰여요.

ir 가다			
yo	voy	nosotros, nosotras	vamos
tú	vas	vosotros, vosotras	vais
él, ella, usted	va	ellos, ellas, ustedes	van

예문)

· Voy a la escuela. 나는 학교에 간다.
· ¿Tú vas a casa? 너 집에 가니?

· Voy a estudiar mucho. 나는 공부를 많이 할 예정이야.
· ¿De qué vas a hablar? 뭘 말할 예정이니?
· Ellos van a estar en casa. 그들은 집에 있을 예정이야.

핵심 문법 확인하기

핵심 문법 내용을 확인하며 복습해볼까요? - - - - -

01~05 빈 칸에 들어갈 알맞은 말을 써보세요.

01

_____ a la escuela.

나는 학교에 간다.

02

Tú _____ a la escuela.

너는 학교에 간다.

03

Ellos no _____ a casa.

그들은 집에 가지 않는다.

04

_____ a estar aquí.

우리는 여기 있을 예정이야.

05

¿De qué _____ a hablar tú?

너는 뭘 말할 예정이니?

정답 ① Voy ② vas ③ van ④ Vamos ⑤ vas

여섯 번째 발걸음

오늘 날씨가 좋네요!

오늘의 대화에서는 날씨&계절과 관련한 표현을 배워볼 거예요.
핵심 문법에서는 현재시제에서 규칙변화하는 ar 동사들에 대해 배워볼게요!

✓ 순례길 걷기 챌린지 : 순례길을 함께 걷고 싶은 사람 리스트 적어보기

✓ 스페인어 친해지기 챌린지 : 현재형 규칙변화 동사 3개 소리내어 읽고 암기하기

📍Camino de Santiago

오늘의 공부 tip

- 이번 발걸음의 포인트는 날씨&계절 관련 어휘를 암기하는 것!
- 동사변형 공부의 본게임 드디어 시작되었습니다! 소리를 내면서 암기를 하는 것이 중요해요!

대화 속에 들어가기

대화 속의 인물이 되어 오늘의 회화표현을 배워볼까요?

A **¡Hola, Mina!**

미나야, 안녕!

B **¿Qué tal?**

잘 지내지?

A **Muy bien. ¿Qué tal el café?**

아주 잘 지내. 커피 어때?

B **Muy bueno. La cafetería tiene un excelente café.**

아주 좋네. 커피숍이 훌륭한 커피를 판매하네.

A **¡Qué bien!**

다행이다!

B **Por cierto, hoy no hace buen tiempo. No vamos a ir al mercado.**

아 맞다, 오늘 날씨가 좋지 않네. 오늘 시장에 가지 말자.

A **Vale. Normalmente, el clima en mayo en Francia es muy soleado. Pero hoy hace mucho viento.**

오케이. 보통은 프랑스의 5월 날씨는 아주 화창한데 말이야. 하지만 오늘 바람이 많이 부네.

≫ **필수 어휘 외우기**

• café ♂	커피	• cafetería ♀	커피숍	• excelente	훌륭한
• tiempo ♂	시간 / 날씨	• clima ♂	기후	• mercado ♂	시장
• Vale	오케이, 알았어.	• normalmente	보통은	• muy	아주
• soleado	화창한	• hoy	오늘	• viento ♂	바람
• Por cierto	그건 그렇고(화제 전환할 때)				

대화 확인하기

대화 속 주요 표현을 떠올리며 복습해 볼까요?

01~05 빈 칸에 들어갈 알맞은 말을 써보세요.

01

¿ _____ _____ ?

잘 지내지?

02

Hoy no _____ buen tiempo.

오늘 날씨가 좋지 않네.

03

No _____ a ir al mercado.

오늘 시장에 가지 말자

04

_____ .

오케이.

05

Normalmente, el clima en mayo en Francia es muy _____ .

보통은 프랑스의 5월 날씨는 아주 화창한데 말이야.

정답   ① Qué tal   ② hace   ③ vamos   ④ Vale   ⑤ soleado

상황 속 표현 익히기

대화 속에서 쓰였던 회화표현을 알아볼까요? - - - - -

■ 날씨&계절 묻기

날씨 표현에서 가장 유용하게 쓰이는 동사 hacer를 꼭 익혀주세요.

질문하기	대답하기
¿Qué tiempo hace hoy? 오늘 날씨 어때요? **¿Qué tiempo hace en Francia normalmente?** 보통 프랑스 날씨는 어때요? **¿Qué tiempo hace en Corea en verano?** 한국 여름 날씨가 어때?	**Hoy hace calor.** 오늘 더워요. **Hoy hace mucho calor.** 오늘 많이 더워요. **Hoy hace muchísimo calor.** 오늘 정말 많이 더워요. **Hace frío.** 추워요. **Hace buen tiempo.** 좋은 날씨예요. **Hace mal tiempo.** 나쁜 날씨예요. **Hace fresco.** 선선해요. **Hace viento.** 바람이 불어요.

4 *estaciones	사계절
primavera	봄
verano	여름
otoño	가을
invierno	겨울

*estación♀ 은 계절이란 뜻 외에 지하철역이란 뜻도 있어요.

표현 확인하기

주요 회화 표현을 확인하며 복습해볼까요?

01~05 빈 칸에 들어갈 알맞은 말을 써보세요.

01

¿ _____ _____ _____ hoy?

오늘 날씨 어때요?

02

¿Qué tiempo _____ _____ _____ normalmente?

보통 프랑스 날씨는 어때요?

03

¿Qué tiempo hace en Corea _____ _____ ?

한국의 여름 날씨는 어때?

04

Hoy hace _____ _____ .

오늘 많이 더워요.

05

Hoy hace _____ _____ .

오늘 좋은 날씨에요.

정답 ① Qué tiempo hace ② hace en Francia ③ en verano ④ mucho calor ⑤ buen tiempo

핵심 문법 배우기

오늘의 핵심 문법을 공부해볼까요?

1 동사 hacer

동사 hacer는 '하다, 만들다' 등 다양한 뜻을 가진 동사에요. 오늘 회화 파트에서 배운 날씨 표현을 할 때 등장했던 동사이기도 하죠. 불규칙 변화하는 동사이니 주의해서 암기해주세요!

hacer 하다, 만들다			
yo	hago	nosotros, nosotras	hacemos
tú	haces	vosotros, vosotras	hacéis
él, ella, usted	hace	ellos, ellas, ustedes	hacen

예문)

· Yo hago la tarea. 나는 숙제를 해요.
· Tú haces la pasta. 너는 파스타를 만들어요.
· ¿Qué tiempo hace hoy? 오늘 날씨 어때요?
· Hace mucho calor. 많이 덥네요.
· No hace buen tiempo hoy. 오늘 좋은 날씨가 아니네요.

핵심 문법 확인하기

핵심 문법 내용을 확인하며 복습해볼까요? - - - - -

01~05 빈 칸에 들어갈 알맞은 말을 써보세요.

01

Yo _____ la tarea.

나는 숙제를 해요.

02

Tú _____ la pasta.

너는 파스타를 만들어요.

03

¿Qué tiempo _____ hoy?

오늘 날씨 어때요?

04

_____ mucho calor.

많이 덥네요.

05

No _____ buen tiempo hoy.

오늘 좋은 날씨가 아니네요.

정답 ① hago ② haces ③ hace ④ hace ⑤ hace

핵심 문법 배우기

오늘의 핵심 문법을 공부해볼까요?

② 현재형 규칙 동사: ar 동사

스페인어의 모든 동사원형은 '-ar', '-er', '-ir' 중 하나로 끝나며, 규칙변화동사는 '-ar', '-er', '-ir' 어미만 변화하게 돼요. 이번 발걸음에서는 ar 동사만 배워볼 건데요, 랩의 라임 맞추는 것과 비슷하다 생각하면서 동사변형을 소리내어 읽어주세요.

tomar 타다 / 먹다 / 잡다			
yo	tom**o**	nosotros, nosotras	tom**amos**
tú	tom**as**	vosotros, vosotras	tom**áis**
él, ella, usted	tom**a**	ellos, ellas, ustedes	tom**an**

visitar 방문하다			
yo	visit**o**	nosotros, nosotras	visit**amos**
tú	visit**as**	vosotros, vosotras	visit**áis**
él, ella, usted	visit**a**	ellos, ellas, ustedes	visit**an**

viajar 여행하다			
yo	viaj**o**	nosotros, nosotras	viaj**amos**
tú	viaj**as**	vosotros, vosotras	viaj**áis**
él, ella, usted	viaj**a**	ellos, ellas, ustedes	viaj**an**

예문)

· Yo tomo agua.　나는 물을 마셔.
· Ella toma el metro.　그녀는 지하철을 타요.

· Visitamos un museo.　우리는 한 박물관을 방문해요.
· Voy a visitar a mis amigos.　나는 나의 친구들을 방문할 예정이야.

· Viajáis a Paris.　너희들은 파리를 여행해.
· Los estudiantes viajan por España.　학생들은 스페인을 여행해.

핵심 문법 확인하기

핵심 문법 내용을 확인하며 복습해볼까요?

01~05 빈 칸에 들어갈 알맞은 말을 고르세요.

01 **Yo _____ agua.**

나는 물을 마셔.

a) hago   b) tomo   c) visito   d) viajo

02 **Ella _____ el metro.**

그녀는 지하철을 타요.

a) tomo   b) tomas   c) toma   d) toman

03 **_____ un museo.**

우리는 한 박물관을 방문해요.

a) Viajamos   b) Tomamos   c) Vamos   d) Visitamos

04 **_____ a Paris.**

우리는 파리를 여행해요.

a) Somos   b) Tomamos   c) Estamos   d) Viajamos

05 **Los estudiantes _____ agua.**

학생들을 물을 마셔요.

a) toman   b) hacen   c) visitan   d) viajan

정답   ① b   ② c   ③ d   ④ d   ⑤ a

73

일곱 번째 발걸음

기분이 어때요?

오늘 배울 내용 ▶
- 동사 estar 를 활용한 안부인사
- 현재형 규칙 동사 배우기 : er 동사

오늘의 대화에서는 스페인어의 be 동사 estar 를 활용한 회화 표현을 만들어볼 거예요.
핵심 문법에서는 현재시제에서 규칙변화하는 er 동사들에 대해 배워볼게요!

오늘의 챌린지

☑ 순례길 걷기 챌린지 : 체력을 위해 건강식 챙겨먹기

☑ 스페인어 친해지기 챌린지 : 제일 유행하는 스페인어 노래 1곡 찾아 들어보기

📍 Camino de Santiago

오늘의 공부 tip

- 이번 발걸음의 포인트는 지난 발걸음에서 배웠던 estar 동사를 자연스럽게 문장 안에서 녹여보는 연습을 하는 거예요!
- 지난 발걸음에서 ar 동사를 배웠다면 오늘은 er 동사를 배워볼 거예요!

대화 속에 들어가기

--- 대화 속의 인물이 되어 오늘의 회화표현을 배워볼까요?

A **¿Dónde está tu albergue?**

너의 알베르게(순례길 숙소)는 어디야?

B **Está ahí, cerca.**

저기 있어, 가까워.

A **¿Cómo es tu lugar?**

거긴 어때?

B **Es antiguo y limpio. Hay muchos peregrinos.**

오래됐고 깨끗해. 순례자들이 많아.

A **¿Estás feliz?**

만족해?

B **Claro, estoy feliz. ¿Y tú?**

당연하지, 만족해. 넌?

A **Yo también. Estoy contento con el viaje... Pero estoy un poco cansado. ¿Comemos algo?**

나도. 여행에 만족해. 하지만 조금 피곤하네. 뭐 좀 먹을까?

≫ 필수 어휘 외우기 ────────────────

• albergue ♂	(순례길) 숙소	• antiguo, antigua	오래된	• limpio, limpia	깨끗한
• lugar ♂	장소	• feliz	행복한	• contento, contenta	행복한, 만족한
• viaje ♂	여행	• cansado, cansada	피곤한	• comer	먹다
• algo ♂	어떤 것(something)	• cerca	가까운	• peregrino, preegrina	순례자
• ahí	저기				

76

대화 확인하기

← - - 대화 속 주요 표현을 떠올리며 복습해 볼까요?

01~05 빈 칸에 들어갈 알맞은 말을 써보세요.

01

¿Dónde _____ tu albergue?

너의 알베르게는 어디야?

02

_____ ahí, cerca.

저기 있어, 가까워.

03

¿_____ _____ tu lugar?

거긴 어때?

04

Es _____ y _____ .

오래됐고 깨끗해.

05

¿_____ _____ ?

만족해?

정답   ① está   ② Está   ③ Cómo es   ④ antiguo, limpio   ⑤ Estás feliz

77

상황 속 표현 익히기

대화 속에서 쓰였던 회화표현을 알아볼까요?

■ 동사 estar 를 활용한 안부인사

주어의 상태를 표현하기 위해 반드시 알아야하는 동사 estar는 안부를 묻는 상황에서 많이 활용돼요.

질문하기	대답하기
¿Cómo **estás** tú? 너의 상태는 어때? ¿Cómo **está** usted? 당신의 상태는 어때요? ¿Cómo **estáis** vosotros? 너희들 상태는 어때? ¿Cómo **están** Uds.? 당신들의 상태는 어때요?	**Estoy** contento/a. 저는 기뻐요. **Estoy** muy bien. 저는 아주 좋아요. **Estoy** enfadado/a. 저는 화났어요. **Estoy** molesto/a. 저는 기분 나빠요. **Estoy** confundido/a. 저는 헷갈려요. **Estoy** deprimido/a. 저는 우울해요. **Estoy** cansado/a. 저는 피곤해요.

표현 확인하기

주요 회화 표현을 확인하며 복습해볼까요? ----➤

01~05 빈 칸에 들어갈 알맞은 말을 써보세요.

01

¿_____ _____ tú?

너의 상태는 어때?

02

¿_____ _____ usted?

당신의 상태는 어때요?

03

¿_____ _____ ustedes?

당신들의 상태는 어때요?

04

_____ muy bien.

저는 아주 좋아요.

05

Usted _____ cansado.

당신은 피곤해요.

정답   ① Cómo estás   ② Cómo está   ③ Cómo están   ④ Estoy   ⑤ está

핵심 문법 배우기

오늘의 핵심 문법을 공부해볼까요?

■ 현재형 규칙 동사: er 동사

스페인어의 모든 동사원형은 '-ar', '-er', '-ir' 중 하나로 끝나요. 지난 발걸음에서는 이 중에서 ar 동사를 배웠는데요, 이번 발걸음에서는 현재시제일 때 규칙변화하는 er 동사 세 개를 배워볼까요?

comer 먹다			
yo	com**o**	nosotros, nosotras	com**emos**
tú	com**es**	vosotros, vosotras	com**éis**
él, ella, usted	com**e**	ellos, ellas, ustedes	com**en**

beber 마시다			
yo	beb**o**	nosotros, nosotras	beb**emos**
tú	beb**es**	vosotros, vosotras	beb**éis**
él, ella, usted	beb**e**	ellos, ellas, ustedes	beb**en**

vender 팔다			
yo	vend**o**	nosotros, nosotras	vend**emos**
tú	vend**es**	vosotros, vosotras	vend**éis**
él, ella, usted	vend**e**	ellos, ellas, ustedes	vend**en**

예문)

· Como una comida tradicional.　나는 전통음식을 먹어요.
· Comes un plato típico de España.　너는 스페인의 대표적인 음식을 먹는다.

· Él bebe una cerveza.　그는 맥주를 마신다.
· Bebemos agua.　우린 물을 마셔.

· No vendemos casas.　우린 집을 팔지 않아요.
· ¿Vende paella?　빠에야 팔아요?

01~05 빈 칸에 들어갈 알맞은 말을 써보세요.

01

Yo _____ paella.

나는 빠에야를 먹어요.

02

Tú _____ cerveza.

너는 맥주를 마셔.

03

Él _____ ropas.

그는 옷을 팔아.

04

_____ agua.

우린 물을 마셔.

05

¿(Usted) _____ paella?

빠에야 팔아요?

정답 ① como ② bebes ③ vende ④ Bebemos ⑤ Vende

1코스 📍 생장피에드포르에서 팜플로나까지 완주!

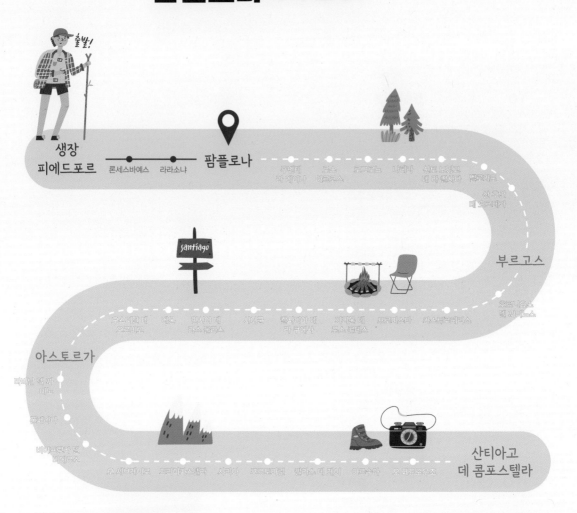

출발!

생장 피에드포르 — 론세스바예스 — 라라소나 — 팜플로나 — 푸엔테 라 레이나 — 로스 아르코스 — 로그로뇨 — 나헤라 — 산토 도밍고 데 라 칼사다 — 벨로라도 — 산 후안 데 오르테가 — 부르고스 — 오르니요스 델 카미노 — 오스피탈 데 오르비고 — 레온 — 만시야 데 라스 물라스 — 사아군 — 칼사디야 데 라 쿠에사 — 카리온 데 로스 콘데스 — 프로미스타 — 카스트로헤리스 — 아스토르가 — 라바날 델 카미노 — 폰페라다 — 비야프랑카 델 비에르소 — 오세브레이로 — 트리아카스텔라 — 사리아 — 포르토마린 — 팔라스 데 레이 — 아르수아 — 오 페드루우소 — 산티아고 데 콤포스텔라

응원메세지

¡Bienvenidos al mundo de español! 스페인어의 세계에 오신 여러분들을 환영합니다! 예비 순례자님! 그리고 예비 스페인어 고수님들! 1주차 학습은 어떠셨나요? 스페인어에선 "Más vale tarde que nunca."란 표현이 있는데요, 그 뜻은 "늦어도 안 하는 것보다 낫다."입니다. 스페인어의 시작을 위해 이 책의 첫 코스를 마친 당신을 응원합니다! 마지막까지 함께 가보자구요!

📍 산티아고 순례길이란?

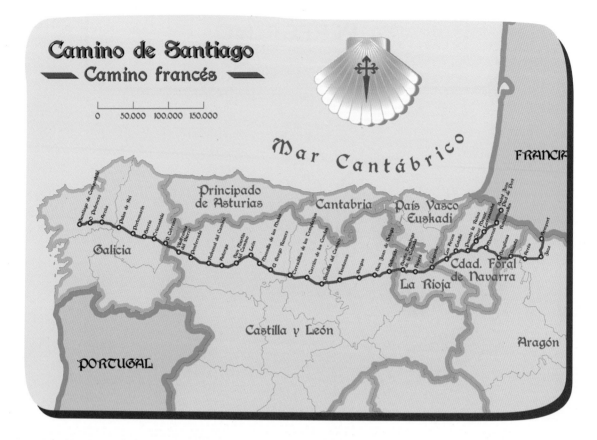

산티아고 순례길은 프랑스 남쪽에 위치한 생장(Saint Jean)시부터 스페인의 서쪽에 위치한 산티아고 데 콤포스텔라(Santiago de Compostela)까지 800km에 달하는 길을 말해요. 1993년 유네스코 세계문화유산으로도 지정된 순례길은 '순례'란 말이 내포하듯 성 야고보 성인의 무덤이 있는 산티아고까지 도달을 목적으로 하는 천주교인들의 성지순례루트에요. 오늘날에 와서는 성지순례의 목적 이외에도 관광의 목적으로 전 세계 배낭여행객들이 이 순례길을 찾고 있죠.

순례길을 걷는 루트는 가장 대표적인 프랑스길(Camino Francés)을 포함해서 북쪽길(Camino del Norte), 포르투갈길(Camino Portugués), 영국길(Camino Inglés) 등 다양해요. 가장 많은 순례자들이 걷는 프랑스길은 800km에 이르는 길이라 하루 평균 20~25km를 목표로 잡고 가더라도 한 달이 넘게 걸리게 됩니다. 걷는 속도와 목표 그리고 완주에 목표를 두느냐 아니냐에 따라 목표일은 달라질 수 있어요.

CREDENCIAL DEL PEREGRINO

"Sellos y desafíos"

Teminé el camino
de Saint Jean Pied de Port a Pamplona.

Teminé el camino
de Pamplona a Burgos.

Teminé el camino
de Burgos a Astorga.

Teminé el camino
de Astorga a Santiago de Compostela.

기초회화
week 2

Saint Jean Pied de Port ○- ● Pamplona

Burgos

○ 🏛 Camino de Santiago

Astorga

여덟 번째 발걸음 ❗

아침식사로 무엇이 있나요?

오늘 배울 내용 ▶
- 아침식사와 관련된 표현
- 현재형 규칙 동사 배우기 : ir 동사
- 동사 querer

오늘의 대화에서는 아침식사와 관련된 표현을 배워볼 거예요.
핵심 문법에서는 ir 동사의 현재형 규칙 변화형을 알아보아요.

오늘의 챌린지

✅ 순례길 걷기 챌린지 : 비행기표 알아보기

✅ 스페인어 친해지기 챌린지 : 아무 스페인어 단어 10개 큰 소리로 읽고 암기하기

📍 Camino de Santiago

S

오늘의 공부 tip ➤ • 오늘은 아침식사와 관련된 표현을 배우는 날!
• 지난 발걸음에서 ar, er 동사 규칙변화를 배웠다면 오늘은 ir 동사를 배울 차례!

대화 속에 들어가기

--- 대화 속의 인물이 되어 오늘의 회화표현을 배워볼까요?

A **¿Quieres desayunar mañana?**

내일 아침 먹을 거예요?

B **Sí, quiero desayunar. ¿Qué tienes para desayunar? ¿Tienes zumo de naranja natural?**

네. 아침 먹고 싶어요. 아침식사로 무엇이 있나요? 직접 짠 생 오렌지 주스가 있나요?

A **Por supuesto. Lo tenemos.**

그럼요. 있죠.

B **¡Qué bien! ¿También hay huevos fritos?**

좋네요! 달걀 후라이도 있을까요?

A **Los huevos fritos no, pero la tortilla sí.**

달걀후라이는 없지만, 오믈렛은 있죠.

≫ 필수 어휘 외우기

• desayunar	아침먹다	• querer + 동사원형	~하고 싶다	• para	~위해서
• con	~와 함께	• sin	~없이	• zumo ♂	주스
• natural	생의, 자연의	• naranja ♀	오렌지	• por supuesto	당연하죠
• huevo ♂	달걀	• frito, frita	튀긴		
• tortilla ♀	오믈렛 (tortilla francesa 프랑스식 (일반)오믈렛, tortilla española 스페인식 오믈렛)				

대화 확인하기

●--- 대화 속 주요 표현을 떠올리며 복습해 볼까요?

01~05 빈 칸에 들어갈 알맞은 말을 써보세요.

01

¿ _____ desayunar mañana?

내일 아침 먹을 거예요?

02

¿ _____ _____ para desayunar?

아침 식사로 무엇이 있나요?

03

¿Tienes el _____ _____ _____ natural?

직접 짠 생 오렌지 주스가 있나요?

04

_____ _____ .

그럼요.

05

¿Hay _____ _____ ?

달걀 후라이도 있을까요?

정답   ① Quieres   ② Qué tienes   ③ zumo de naranja   ④ Por supuesto   ⑤ huevos fritos

상황 속 표현 익히기

상황 속 표현 익히기 대화 속에서 쓰였던 회화표현을 알아볼까요?

■ 아침 식사와 관련된 표현

문장암기가 어렵다면 어휘만이라도 암기해서 사용해보세요!

질문하기	대답하기
¿Quiere(s) desayunar mañana? 내일 아침 먹을 거예요? ¿Qué tienes para desayunar? 아침식사로 무엇이 있나요? ¿Natural o no? 생으로 줄까요? 아니면, 병에 든 것으로 줄까요? ¿Tienes el zumo natural? 직접 짠 생 주스가 있나요? ¿Con azúcar, sin azúcar? 설탕 같이 드릴까요, 없이 드릴까요?	Sí, quiero desayunar. 네 아침 먹을거예요. No, no quiero (desayunar). 아니요, 안 먹을거예요. Quiero un huevo frito, por favor. 달걀 후라이 하나 부탁해요. (Quiero) Una tortilla, por favor. 오믈렛 하나 부탁해요.

desayuno	아침식사	café americano, café largo	아메리카노
almuerzo	점심	café cortado	우유를 탄 에스프레소
cena	저녁	café con leche	카페라떼
huevo cocido	삶은 달걀	café con azúcar	설탕을 탄 커피
huevo frito	달걀 후라이	café sin azúcar	설탕없는 커피
tortilla española	스페인식 오믈렛		
tortilla francesa	일반적인 오믈렛(프랑스식 오믈렛)		

표현 확인하기

--- 주요 회화 표현을 확인하며 복습해볼까요? - - - -

01~05 빈 칸에 들어갈 알맞은 말을 써보세요.

01

¿ _____ _____ _____ ?

내일 아침 먹을거예요?

02

¿ _____ o no?

생으로 줄까요? 아니면, 병에 든 주스로 줄까요?

03

¿ _____ azúcar, _____ azúcar?

설탕 같이 드릴까요, 없이 드릴까요?

04

_____ un huevo frito, por favor.

달걀 후라이 하나 부탁해요.

05

_____ _____ , por favor.

오믈렛 하나 부탁해요.

정답 ① Quieres desayunar mañana ② Natural ③ Con, sin ④ Quiero ⑤ Una tortilla

핵심 문법 배우기

--- 오늘의 핵심 문법을 공부해볼까요? ---

1 현재형 규칙 동사: ir 동사

스페인어의 모든 동사원형은 '-ar', '-er', '-ir' 중 하나로 끝나죠? 오늘은 현재형 규칙변화하는 ir 동사 3개만 배워보자구요!

vivir 살다			
yo	viv**o**	nosotros, nosotras	viv**imos**
tú	viv**es**	vosotros, vosotras	viv**ís**
él, ella, usted	viv**e**	ellos, ellas, ustedes	viv**en**

decidir 결정하다			
yo	decid**o**	nosotros, nosotras	decid**imos**
tú	decid**es**	vosotros, vosotras	decid**ís**
él, ella, usted	decid**e**	ellos, ellas, ustedes	decid**en**

escribir 쓰다			
yo	escrib**o**	nosotros, nosotras	escrib**imos**
tú	escrib**es**	vosotros, vosotras	esrib**ís**
él, ella, usted	escrib**e**	ellos, ellas, ustedes	escrib**en**

예문)

· Yo vivo en Seúl con mi familia. 나는 가족과 함께 서울에 살아.
· Vivimos sin mascotas. 우린 반려동물 없이 살아.

· Ahora decido. 지금 결정할게.
· Voy a decidir hoy. 오늘 나는 결정을 내릴 예정이야.

· Mañana escribo una carta. 내일 편지 한 통을 쓸거야.
· Ustedes no escriben nada. 당신들을 아무것도 쓰지 않는다.

핵심 문법 확인하기

핵심 문법 내용을 확인하며 복습해볼까요?

핵심 문법 내용을 확인하며 복습해볼까요?

01~05 빈 칸에 들어갈 알맞은 말을 써보세요.

01

Yo _____ en Seúl.

나는 서울에 살아요.

02

Tú _____ .

너가 결정해.

03

Usted _____ una carta.

당신은 편지 한 통을 써요.

04

_____ con mascotas.

우리는 반려동물과 함께 살아.

05

Ustedes no _____ nada.

당신들은 아무것도 쓰지 않는다.

정답   ① vivo   ② decides   ③ escribe   ④ Vivimos   ⑤ escriben

93

핵심 문법 배우기

╴╴╴ 오늘의 핵심 문법을 공부해볼까요? ╴╴╴╴

② 동사 querer

동사 querer는 '사랑하다, 원하다'란 뜻을 가진 동사로, 「querer + 동사원형」은 '~을 원한다'란 의미의 동사구로 많이 쓰이게 돼요.

querer 사랑하다, 원하다			
yo	quiero	nosotros, nosotras	queremos
tú	quieres	vosotros, vosotras	queréis
él, ella, usted	quiere	ellos, ellas, ustedes	quieren

예문)

· Te quiero mucho. 너를 많이 사랑해.
· ¿Usted quiere una tortilla? 당신은 오믈렛을 원하세요?
· No lo quiero. 나는 그것을 원치 않아.

· No quiero comer. 먹고 싶지 않아.
· ¿Quieres viajar conmigo? 나와 함께 여행가고 싶어?
· No quiero beber cerveza. 맥주 마시고 싶지 않아.

핵심 문법 확인하기

← - - - 핵심 문법 내용을 확인하며 복습해볼까요? - - - - - -

01~05 빈 칸에 들어갈 알맞은 말을 써보세요.

01

Te _____ mucho.

너를 많이 사랑해.

02

¿ _____ viajar conmigo?

나와 함께 여행가고 싶어?

03

_____ beber agua.

물 마시고 싶어.

04

¿Usted _____ una tortilla española?

스페인식 오믈렛 원해요?

05

No _____ comer.

먹고 싶지 않아.

정답   ① quiero   ② Quieres   ③ Quiero   ④ quiere   ⑤ quiero

아홉 번째 발걸음

정말 고마워요!

오늘 배울 내용 ▷

- 감사&사과의 표현
- 의문사
- 기본 전치사

오늘의 대화에서는 감사와 사과의 표현에 대해 배워볼 거예요.
핵심 문법에서는 의문사 그리고 기본 전치사를 배워보아요!

- 순례길 걷기 챌린지 : 사과의 표현 2개 암기하기
- 스페인어 친해지기 챌린지 : 스페인어 안부인사 친구에게 카톡 보내보기

📍 **Camino de Santiago**

오늘의 공부 tip

- 감사 그리고 사과 표현만 잘해도 여행길이 편해질 수 있다구요!
- 기본 전치사들을 통해서 문장에 의미를 더할 수 있어요.

대화 속에 들어가기

대화 속의 인물이 되어 오늘의 회화표현을 배워볼까요?

A **¡Disculpe!**

실례합니다!

B **¿Sí? Dígame.**

네? 말씀하세요.

A **¿Dónde está el pueblo más cercano?**

가장 가까운 마을이 어딨나요?

B **No sé. No soy de aquí. Perdón.**

모르겠네요. 제가 여기 사람이 아니라서요. 미안합니다.

A **No pasa nada. Igualmente gracias.**

아무일도 아닌걸요(괜찮아요). 마찬가지로 고마워요.

≫ **필수 어휘 외우기** ───────────────────────────

• pueblo ♂	마을	• cercano, cercana	가까운	• aquí	여기
• saber	알다	• pasar	지나가다, 일이 일어나다	• igualmente	마찬가지로, 동일하게

98

대화 확인하기

--●--- 대화 속 주요 표현을 떠올리며 복습해 볼까요?

01~05 빈 칸에 들어갈 알맞은 말을 써보세요.

01

¡ _____ !

실례합니다!

02

¿Dónde _____ el pueblo más cercano?

가장 가까운 마을이 어딨나요?

03

No _____ .

모르겠네요.

04

_____ .

미안합니다

05

No _____ _____ .

아무일도 아닌걸요.

정답 ① Disculpe   ② está   ③ sé   ④ Perdón   ⑤ pasa nada

상황 속 표현 익히기

대화 속에서 쓰였던 회화표현을 알아볼까요?

감사와 사과의 표현을 들었을 때, 그에 걸맞는 센스있는 대답을 준비해보세요!

1 감사와 관련된 표현

감사표현하기	대답하기
Gracias. 고마워요. Muchas gracias. 정말 고마워요. Lo agradezco. 고마워요.	De nada. (아무것도 아니에요.) 천만에요. No hay de qué. 천만에요.

2 사과와 관련된 표현

사과표현하기	대답하기
Lo siento. 미안해요. Lo siento mucho. 정말 미안해요. Perdón. 미안해요. / 뭐라고요? Disculpa. (informal) 사과할게. Disculpe. (formal) 사과드립니다.	Está bien. 괜찮아요. No hay problema. 문제 없어요. No pasa nada. 아무일도 아닌걸요.

표현 확인하기

주요 회화 표현을 확인하며 복습해볼까요?

01~05 빈 칸에 들어갈 알맞은 말을 써보세요.

01

＿＿＿＿＿＿＿ ＿＿＿＿＿＿＿.

정말 고마워요

02

＿＿＿＿＿ ＿＿＿＿＿＿＿.

천만입니다.

03

＿＿＿＿＿ ＿＿＿＿＿＿＿ **mucho.**

정말 미안해요.

04

＿＿＿＿＿＿＿ **bien.**

괜찮아요.

05

＿＿＿＿＿ ＿＿＿＿＿＿＿ ＿＿＿＿＿＿＿.

아무일도 아닌걸요.

정답 ① Muchas gracias ② De nada ③ Lo siento ④ Está ⑤ No pasa nada

핵심 문법 배우기

오늘의 핵심 문법을 공부해볼까요?

① 의문사

세 번째 발걸음에서 의문문 만드는 법을 공부하면서 본 적 있죠? 의문사는 의문문을 만드는 재료가 되니 잘 암기해주세요.

1) QUÉ 무엇, 무슨 (what)

· ¿Qué es esto? 이게 뭐에요?

2) CUÁL, CUÁLES 어느 것 (which)

· ¿Cuál es tu nombre? 너의 이름이 뭐니?

3) QUIÉN, QUIÉNES 누구, 누구들 (who)

· ¿Quién es usted? 당신은 누구십니까?

4) *CUÁNTO, CUÁNTA, CUÁNTOS, CUÁNTAS 몇 명의, 얼마 (how much, how many)

· ¿Cuánto vale la entrada? 입장권은 얼마입니까?

  *how much는 cuánto, cuánta, how many는 cuántos, cuántas

5) DÓNDE 어디에 (where)

· ¿Dónde viven ustedes? 당신들은 어디에 사십니까?

6) CUÁNDO 언제 (when)

· ¿Cuándo es tu cumpleaños? 너 생일 언제니?

7) POR QUÉ 왜 (why)

· ¿Por qué estás triste? 너는 왜 슬프니?

8) CÓMO 어떻게 (how)

· ¿Cómo estás hoy? 오늘 어떠니

01~05 다음 빈칸에 들어갈 의문사를 써보세요.

01

¿ _____ **es esto?**

이게 뭐에요?

02

¿ _____ **es tu nombre?**

너의 이름이 뭐니?

03

¿ _____ **es usted?**

당신은 누구십니까?

04

¿ _____ **vale la entrada?**

입장권이 얼마입니까?

05

¿ _____ _____ **estás triste?**

너는 왜 슬프니?

정답   ① Qué   ② Cuál   ③ Quién   ④ Cuánto   ⑤ Por qué

핵심 문법 배우기

오늘의 핵심 문법을 공부해볼까요?

② 기본전치사

스페인어에 전치사의 종류는 정~말 많습니다. 하지만 많이 쓰이는 기본전치사 몇 개만 알고 있어도 기본적인 표현을 만드는 데 충분해요!

1) A ～에게, ～로, ～까지 (to)

· Quiero viajar a Madrid. 마드리로 여행하고 싶어.
· Le voy a regalar una flor a Miguel. 미겔에게 꽃 한 송이를 선물할 거야.

2) De ～로부터, ～의 (from, of)

· Soy de Corea. 나는 한국 출신이야.
· El libro es de mi padre. 이 책은 우리 아버지의 것이야.

3) En ～안에, ～에 (in, at)

· Estoy en la biblioteca. 나는 도서관에 있어.
· Hay algo en mi mochila. 내 배낭 안에 뭔가 있어.

4) Por ～에 의해, ～를 통해, 대략 (by)

· Voy por ti. 널 데리러 갈게.
· Yo estoy por tu casa. 나 너희집 근처에 있어.

5) Para ～를 위해, ～향해, ～까지 (for)

· El café es para ti. 커피는 너를 위한 것이야.
· Para mí, un café con leche, por favor. 저에겐 카페라떼 한 잔을 주세요.

핵심 문법 확인하기

←--- 핵심 문법 내용을 확인하며 복습해볼까요? ------>

01~05 다음 빈칸에 들어갈 전치사를 써보세요.

01

Voy _____ la iglesia.

나는 교회에 가.

02

Soy _____ España.

나는 스페인 출신이야.

03

Estamos _____ casa.

우린 집에 있어.

04

Vamos _____ ella.

우린 그녀를 데리러 가.

05

El café es _____ usted.

커피는 당신을 위한 것이에요.

열 번째 발걸음

힘내요, 파이팅!

오늘 배울 내용

- 응원&격려 표현
- 명사에 존재하는 성과 수

오늘의 대화에서는 응원과 격려 표현에 대해 배워볼 거예요.
핵심 문법에서는 스페인어의 백미! 명사에 존재하는 성과 수에 대해 배워볼 거예요!

오늘의 챌린지

✅ 순례길 걷기 챌린지 : 순례길 관련 서적 찾아보기

✅ 스페인어 친해지기 챌린지 : 10~100 사이의 숫자 10개 이상 말해보기

📍 Camino de Santiago

오늘의 공부 tip

- 힘든 순례길에서 힘이 되는 응원과 격려의 인사! 평상시 친구들에게도 외쳐주세요!

- 스페인어에 기본기가 있다면 동사변형 그리고 성·수일치일 거예요. 그만큼 중요한 개념이니 꼭 이해하고 넘어가세요!

대화 속에 들어가기

- - - 대화 속의 인물이 되어 오늘의 회화표현을 배워볼까요? - - - -

A **¿Cómo estás, Berto? Te ves mal.**

베르또, 괜찮아? 너 안좋아 보여.

B **Así, así. Estoy muy cansado. He caminado demasiado.**

그저 그래. 아주 피곤하네. 너무 많이 걸었나봐.

A **Suele pasar. Vamos a descansar un poco.**

자주 그러곤 하지. 조금 쉬자 우리.

B **Gracias. No tengo fuerza.**

고마워. 힘이 없네.

A **¡Ánimo! ¡Vamos!**

힘내! 가자!

B **Vale, ¡vamos!**

오케이, 가보자고!

≫ **필수 어휘 외우기** ─────────────────────────────

• cansado, cansada	피곤한	• caminar	걷다	• demasiado	지나치게
• pasar	일이 발생하다	• descansar	쉬다	• fuerza ♀	힘

대화 확인하기

◦--- 대화 속 주요 표현을 떠올리며 복습해 볼까요?

01~05 빈 칸에 들어갈 알맞은 말을 써보세요.

01

Estoy _____ _____ .

나 아주 피곤해.

02

Vamos a _____ **un poco.**

조금 쉬자 우리.

03

No tengo _____ .

힘이 없네.

04

¡ _____ !

힘내!

05

¡ _____ !

가보자고!

정답 ① muy cansado, muy cansada   ② descansar   ③ fuerza   ④ Ánimo   ⑤ Vamos

상황 속 표현 익히기

● --- 대화 속에서 쓰였던 회화표현을 알아볼까요? ----

■ **응원&격려의표현**

지친 순례자 동료들에게 힘이 되는 말이에요!

¡Buen camino!	좋은 순례길 되세요!
¡Ánimo!	힘내!
¡Mucho ánimo!	힘을 많이 내봐!
¡Fuerza!	힘내!
¡Mucha fuerza!	힘을 많이 내봐!
¡Venga!	아자!
¡Vamos!	가자!
¡A luchar!	싸워보자!
Poco a poco.	조금씩 조금씩!
No te preocupes.	걱정마.
Todo saldrá bien.	모든 게 잘 될거야.
No pasa nada.	별일 아냐.
Ya verás.	곧 보게 될거야. (곧 알게 될거야.)

•--- 주요 회화 표현을 확인하며 복습해볼까요? ---•

01~05 빈 칸에 들어갈 알맞은 말을 써보세요.

01

¡ _____ _____ !

좋은 순례길 되세요!

02

¡Mucha _____ !

힘 내봐!

03

No _____ _____ .

걱정마.

04

Todo saldrá _____ .

모든 게 잘 될거야.

05

Ya _____ .

곧 알게 될거야.

정답 ① Buen camino ② fuerza ③ te preocupes ④ bien ⑤ verás

핵심 문법 배우기

오늘의 핵심 문법을 공부해볼까요?

1 명사에 존재하는 성

모든 명사의 성을 알고 있으면 좋겠지만 초보자들에겐 이를 암기하는 것이 조금 부담이 될 수 있어요. 처음엔 명사의 끝이 o로 끝나면 남자명사, a로 끝나면 여자명사임만을 알아두고, 조금씩 확장하는 방법으로 암기하도록 해요.

남성명사	여성명사
① 명사의 끝이 o 나 or로 끝날 때 예) chico 소년, niño 꼬마, profesor 선생님, libro 책, vaso 컵, cielo 하늘 ② 여성명사처럼 생겼지만 남성명사인 경우 예) día 날/일, mapa 지도, problema 문제, idioma 언어, clima 기후	① 명사의 끝이 a 로 끝날 때 예) chica 소녀, niña (여자)꼬마, profesora (여)선생님, mesa 책상, cara 얼굴, tortilla 오믈렛 ② 명사의 끝이 ción, sión, tión, dad, tad, umbre로 끝날 때 예) información 정보, ciudad 도시, costumbre 관습 ③ 남성명사처럼 생겼지만 여성명사인 경우 예) mano 손, foto 사진, moto 오토바이
남성형 = 여성형이 동일한 명사	
명사의 끝이 e, sta, 로 끝나면 남성형과 여성형이 동일 예) cantante 가수, estudiante 학생, artista 예술가, taxista 택시기사	

동물과 사람과 관련한 명사는 남성형과 여성형이 따로 있는 경우가 많아요.
예를 들어, hombre 남자 - mujer 여자, gato 고양이 - gata 암고양이 등이 있는데요,
이와 달리 사물과 개념 등 일반적인 명사는 성이 고정이에요.
예를 들어, mesa 책상 (여성명사), libro 책 (남성명사)가 있습니다.
책상이 왜 여자인지, 책이 왜 남성인지 의문이 들 수도 있겠지만, 이 역시도 우선 암기하는 것을 추천해요.
앞으로 새로운 명사 암기를 할 때면, 명사의 성까지 체크하며 함께 암기하는 습관을 들이면 좋습니다.

핵심 문법 확인하기

01 남성명사인 것을 고르세요.

    a) profesora   b) mesa   c) libro   d) ventana

02 여성명사인 것을 고르세요.

    a) niño   b) cuaderno   c) sombrero   d) ropa

03 남성명사가 아닌 것을 고르세요.

    a) día   b) mapa   c) problema   d) falda

04 여성명사가 아닌 것을 고르세요.

    a) mano   b) foto   c) moto   d) profesor

05 남성형과 여성형이 동일하지 않은 명사를 고르세요.

    a) cantante   b) artista   c) estudiante   d) hombre

정답　① c　② d　③ d　④ d　⑤ d

핵심 문법 배우기

---◦--- 오늘의 핵심 문법을 공부해볼까요? -----

2 명사에 존재하는 수

영어의 단복수형처럼 스페인어도 명사의 끝에 s / es를 붙여주면 복수형이 돼요.
명사의 끝이 z로 끝나면 복수형으로 변화시 ces로 바뀌어요.

모음으로 끝나는 명사	자음으로 끝나는 명사
hermano 형제 → hermanos 형제들 padre 아버지 → padres 부모님	ciudad 도시 → ciudades 도시들 animal 동물 → animales 동물들 nariz 코 → narices 코들

3 명사를 꾸며주는 존재

명사를 꾸며주는 모든 존재에는 성과 수가 존재한다고 생각해주세요. 명사의 앞엔 관사, 지시형용사, 부정형용사 등이 오게 되며 이들도 성·수가 존재해요. 형용사는 스페인어에선 일반적으로 명사의 뒤에 위치해요. 이번 발걸음에서는 명사를 꾸며주는 존재들이 이런 것들이 있구나 정도만 익혀주세요.

명사의 앞 →	명사	← 명사의 뒤
① 관사 (a, an, the...) ② 지시형용사 (this, those) ③ 부정형용사 (any...) ④ 전위소유형용사 (my, your, his...)	la **casa** bonita 이쁜 그 집 un **hijo** bueno 좋은 아들 한 명 un **alumno** mío 나의 학생 중 한 명	① 형용사 (big, good...) ② 후위소유형용사 (mine, your...)

01~03 다음 명사의 복수형을 만들어보세요.

01 **hermano** 형제 ➡ _____

02 **ciudad** 도시 ➡ _____

03 **nariz** 코 ➡ _____

04~05 다음 빈칸에 들어갈 말을 써보세요.

04

La casa _____ .

이쁜 집

05

Un hijo _____ .

좋은 성격의 아들 한 명

정답 ① hermanos ② ciudades ③ narices ④ bonita ⑤ bueno

열한 번째 발걸음

환상적이네요!

오늘 배울 내용

- 감탄표현
- 명사수식 : 관사, 지시사

오늘의 대화에서는 감탄 표현에 대해 배워볼 거예요.
핵심 문법에서는 지난 발걸음에서 배운 명사의 성질에 대해 이해한 것을 바탕으로 명사를 수식해주는 요소들을 배워볼 거예요!

오늘의 챌린지

✓ 순례길 걷기 챌린지 : 순례길 구글맵스로 찾아 상상 여행해보기

✓ 스페인어 친해지기 챌린지 : 스페인어 동사 2개로 현재형 문장 2개 만들어보기

📍 Camino de Santiago

오늘의 공부 tip

• 그림처럼 펼쳐지는 순례길의 전경을 보면 감탄표현을 외치지 않을 수 없겠죠?

• 항상 수식받는 명사의 성과 수를 먼저 파악하는 게 중요해요!

Ⓐ ¡Qué hermoso!

정말 아름답다!

Ⓑ ¿Qué cosa? ¿Qué estás mirando?

어떤 것? 뭘 보고 있는 중이야?

Ⓐ Aquella montaña. ¡Mira!

저기 저 산. 봐봐!

Ⓑ Es verdad. ¡Impresionante! Pues voy a sacar una foto.

그렇네. 인상적인걸! 사진 하나를 찍어야겠어.

Ⓐ Yo también. Mejor, sácame una.

나도. 너가 내 사진 하나 찍어주는 게 낫겠다.

Ⓑ Vale, vale.

오케이, 오케이.

≫ **필수 어휘 외우기**

• hermoso, hermosa	아름다운	• cosa ♀	것(thing)	• aquella	저기의
• montaña ♀	산	• mirar	보다	• sacar foto	사진을 찍다
• pues	그러면	• mejor	~보다 나은(better)		

118

01~05 빈 칸에 들어갈 알맞은 말을 써보세요.

01

¡Qué _____!

정말 아름답다!

02

¿_____ cosa?

어떤 것?

03

Aquella _____. ¡Mira!

저기 저 산. 봐봐!

04

¡_____!

인상적인걸!

05

Yo _____.

나도 그래.

상황 속 표현 익히기

● - - - 대화 속에서 쓰였던 회화표현을 알아볼까요? - - - -

■ 감탄 표현

멋진 광경을 보고 외칠 수 있는 강력한 한마디! 감탄표현은 여행하면서 꼭 써야하는 필수 표현이죠!
영어의 감탄문 만들기와 비슷한데요, 영어의 what에 해당하는 스페인어의 의문사 qué를 활용해 감탄문을 만들 수 있어요.
아니면 형용사 혹은 부사를 바로 외쳐도 감탄표현이 될 수 있어요.

¡감탄사 Qué + 명사/형용사/부사!	¡형용사/부사!
¡Qué bueno! 잘 됐다! ¡Qué bonito! 정말 이쁘다! ¡Qué hermoso! 정말 아름다워! ¡Qué guapo! 정말 멋있어요! ¡Qué rico! 정말 맛있어! ¡Qué pasada! 끝내주네!	¡Increíble! 훌륭하다! ¡Fantástico! 환상적이야! ¡Impresionante! 인상적이네! ¡Maravilloso! 기적같이 대단하네요! ¡Genial! 근사해!

표현 확인하기

주요 회화 표현을 확인하며 복습해볼까요?

01~05 빈 칸에 들어갈 알맞은 말을 써보세요.

01

¡_____ _____!

잘 됐다!

02

¡_____ _____!

정말 아름다워!

03

¡_____ _____!

정말 맛있어!

04

¡_____!

환상적이야!

05

¡_____!

기적같이 대단하네요!

정답   ① Qué bueno   ② Qué hermoso   ③ Qué rico   ④ Fantástico   ⑤ Maravilloso

핵심 문법 배우기

- - - 오늘의 핵심 문법을 공부해볼까요? - - - -

1 명사수식 : 관사

명사에 존재하는 성과 수에 따라 명사를 수식하는 요소들의 성과 수도 달라지는 것이 핵심이에요!
관사는 명사 앞에 놓여 명사의 의미를 한정시키거나(정관사), 한정을 풀어주는(부정관사) 역할을 해요.
그리고 부정관사 복수형(unos, unas)은 '약간의, 몇몇의' 란 의미로 쓰여요.

	남성 단수형	여성 단수형	남성 복수형	여성 복수형
부정관사	un	una	unos	unas
정관사	el	la	los	las

예문)

· Hay un niño. 한 소년이 있다.
· Hay unos niños. 몇 명의 소년들이 있다.
· El niño está allí. 그 소년이 저기(거기) 있다.
* aquí 여기 / allí 거기, 저기 / ahí 거기, 저기 (화자와 청자 모두에게 멀 때)

· Las niñas son bonitas. 그 소녀들은 이쁘다.
· Los padres tienen unas casas en Seúl. 부모님들은 서울에 몇 채의 집을 소유하고 있다.

핵심 문법 확인하기

┄┄ 핵심 문법 내용을 확인하며 복습해볼까요? ┄┄

01~02 다음 명사에 알맞은 부정관사를 고르세요.

01

profesor

a) uno   b) un   c) una   d) unos

02

mesa

a) un   b) una   c) unos   d) unas

03~04 다음 명사에 알맞은 정관사를 고르세요.

03

libro

a) el   b) la   c) un   d) unos

04

puerta

a) el   b) la   c) una   d) unas

05 다음 빈칸에 들어갈 말을 고르세요.

Hay _____ niñas.

몇몇의 소녀들이 있다.

a) las   b) los   c) unos   d) unas

정답 ① b   ② b   ③ a   ④ b   ⑤ d

핵심 문법 배우기

--- 오늘의 핵심 문법을 공부해볼까요? -----

2 명사수식: 지시사

지시형용사는 명사 앞에 놓여 사람이나 사물을 지시하는 데 사용되며, 우리말의 '이', '그', '저'에 해당돼요.

	남성 단수형		여성 단수형		남성 복수형		여성 복수형	
이	**este**		**esta**		**estos**		**estas**	
그	**ese**	chico	**esa**	chica	**esos**	chicos	**esas**	chicas
저	**aquel**		**aquella**		**aquellos**		**aquellas**	

Ⓐ ¿Son bonitas estas flores? 이 꽃들 예쁘지?
Ⓑ Sí, son muy bonitas. 응. 정말 예뻐.

Ⓐ ¿Cuánto cuesta ese bolígrafo? 그 볼펜은 얼마니?
Ⓑ Este bolígrafo cuesta diecinueve euros. 이 볼펜은 19유로야.

Ⓐ Aquellas casas son muy modernas. 저 집들은 매우 현대적이야.
Ⓑ Sí, además tienen muchos árboles. 응, 게다가 나무도 많아.

지시대명사는 사람이나 사물을 대신하는 말로 우리말의 '이것', '그것' '저것'에 해당하며, 지시형용사와 형태가 같아요.
중성형 대명사는 추상적 대상이나 명칭이 확정되지 않은 사물을 가리킬 때 사용돼요.

	남성 단수형	남성 복수형	여성 단수형	여성 복수형	중성
이것	**este**	**estos**	**esta**	**estas**	*esto*
그것	**ese**	**esos**	**esa**	**esas**	*eso*
저것	**aquel**	**aquellos**	**aquella**	**aquellas**	*aquello*

· Este muchacho es mi amigo. 이 청년은 나의 친구야. = Este es mi amigo. 얘는 나의 친구야.
· Este libro es de Miguel. 이 책은 미겔의 것이야. = Este es de Miguel. 이것은 미겔의 것이야.
· Aquella profesora es generosa. 저 선생님은 인심이 좋으셔. = Aquella es generosa. 저분은 인심이 좋으셔.

Ⓐ ¿Qué es esto? 이것은 무엇입니까? (중성형 지시대명사)
Ⓑ Es un ordenador portátil. 노트북입니다.

Ⓐ ¿Cuánto vale aquello? 저것은 얼마입니까? (중성형 지시대명사)
Ⓑ Vale cien euros. 100유로입니다.

`01~05` 빈 칸에 들어갈 알맞은 말을 고르세요.

01 **¿Son bonitas _____ flores?**

이 꽃들 예쁘지?

a) este   b) esta   c) estos   d) estas

02 **_____ casas son muy modernas.**

저 집들은 매우 현대적이야.

a) Aquel   b) Aquella   c) Aquello   d) Aquellas

03 **_____ muchacho es mi amigo.**

이 청년은 나의 친구야.

a) Este   b) Esta   c) Estos   d) Estas

04 **_____ es mi madre.**

이분은 나의 어머니야.

a) Este   b) Esta   c) Estos   d) Estas

05 **¿Qué es _____ ?**

이것은 뭐야?

a) este   b) esta   c) esto   d) estos

정답   ① d   ② d   ③ a   ④ b   ⑤ c

125

많이 배고파요?

오늘 배울 내용
- tener 관용표현 ①
- 명사수식 : 소유사
- 동사 poner

오늘의 대화에서는 동사 tener 를 활용한 관용표현에 대해 배워볼 거예요.
핵심 문법에서는 동사 poner를 배우고 소유격을 배워보도록 해요!

📍 Camino de Santiago

오늘의 공부 tip

- 강력한 표현을 완성하는 동사 tener! 잘 기억해뒀다 꼭 써먹자구요!
- 현재형 불규칙 변화하는 핵심동사 poner만 잘 알아도 많은 표현을 만들 수 있어요.

대화 속에 들어가기

대화 속의 인물이 되어 오늘의 회화표현을 배워볼까요?

A **Mina, ¿qué tal si vamos a comer en un restaurante?**

미나야, 식당에서 밥 먹고 갈까?

B **¡Qué buena idea! ¿Tenemos tiempo para ir a un restaurante?**

좋은 생각이야! 우리 식당 갈 시간이 있나?

A **Ahora es la una y media de la tarde. Es una buena hora para comer.**

지금 한 시 반이야. 먹기 좋은 시간이지.

B **¡Qué bien! Justo tengo mucha hambre.**

좋네! 딱 배가 많이 고프던 참이었거든.

A **De acuerdo. En el centro hay todo tipo de tiendas y negocios. En mi opinión, hay restaurantes por allí.**

동의해. 번화가에 가면 모든 종류의 가게와 상점들이 있어. 내 생각엔 식당도 거기 근처에 있을 거야.

B **Vale, vamos a caminar un poco. Ahora no tengo calor.**

오케이, 그럼 조금 걷자. 지금 덥진 않네.

≫ **필수 어휘 외우기**

• idea ♀	의견, 생각	• caminar	걷다	• justo	마침, 딱
• hambre ♀	배고픔	• De acuerdo	동의하는	• tienda ♀	가게
• negocio ♂	상점	• calor ♂	더위, 열	• tipo ♂	종류, 타입

대화 확인하기

대화 속 주요 표현을 떠올리며 복습해 볼까요?

01~05 빈 칸에 들어갈 알맞은 말을 써보세요.

01

¿_____ _____ si vamos a comer en un restaurante?

식당에서 밥 먹고 갈까?

02

¡Qué _____ _____ !

좋은 생각이야!

03

¿Tenemos _____ para ir a un restaurante?

우리 식당 갈 시간이 있나?

04

Justo tengo mucha _____ .

딱 배가 고프던 참이었어.

05

Ahora no tengo _____ .

지금 덥진 않아.

정답 ① Qué tal ② buena idea ③ tiempo ④ hambre ⑤ calor

129

상황 속 표현 익히기

- - - 대화 속에서 쓰였던 회화표현을 알아볼까요? - - - -

■ 동사 tener 의 관용표현 ①

동사 tener는 현재형에서 불규칙 변화 형태를 가져요.

tener 소유하다, 갖다			
yo	teng**o**	nosotros, nosotras	ten**emos**
tú	tie**nes**	vosotros, vosotras	ten**éis**
él, ella, usted	tie**ne**	ellos, ellas, ustedes	tie**nen**

아래는 본능적인 상태와 욕구를 나타내는 관용표현이니 잘 알아두세요!

tener + (mucha) hambre   (많이) 배고프다

      + (mucha) sed   (많이) 목마르다

      + (mucho) calor   (많이) 덥다

      + (mucho) frío   (많이) 춥다

      + (mucho) miedo   (많이) 무섭다

      + (mucha) prisa   (많이) 급하다

예문)

A ¿Cuántos años tienes?   넌 몇 살이니?

B Tengo 20 años.   스무살이야.

A ¿Tienes hambre?   배고프니?

B Sí, tengo hambre.   응, 배고파.

· Él tiene mucha sed ahora.   그는 지금 매우 목이 말라.

· Ella tiene mucha prisa.   그녀는 매우 급한 상황이야.

· No tengo mucha hambre.   배가 많이 고프진 않아.

· No tengo frío.   춥진 않아.

표현 확인하기

•--- 주요 회화 표현을 확인하며 복습해볼까요? ----

01~05 빈 칸에 들어갈 알맞은 말을 써보세요.

01

¿Cuántos años _____ tú?

넌 몇 살이니?

02

¿Tú _____ hambre?

배고프니?

03

No _____ hambre.

배고지 않아요.

04

Tengo _____ hambre.

배가 많이 고파요.

05

Ella _____ mucha prisa.

그녀는 매우 급한 상황이야.

정답   ① tienes   ② tienes   ③ tengo   ④ mucha   ⑤ tiene

핵심 문법 배우기

└ - - - 오늘의 핵심 문법을 공부해볼까요? - - - - '

1 명사수식 : 소유사

스페인어의 소유형용사는 명사 앞에 오는 전위형과 후위형이 있어요.

	전위형	후위형
나의	mi(s)	mío - mía(s)
너의	tu(s)	tuyo - tuya(s)
그의 / 그녀의 / 당신의	su(s)	suyo - suya(s)
우리들의	nuestro(s) / nuestra(s)	nuestro(s) / nuestra(s)
너희들의	vuestro(s) / vuestra(s)	vuestro(s) / vuestra(s)
그들의 / 그녀들의 / 당신들의	su(s)	suyo(s) - suya(s)

예문)

· **mi** padre   나의 아버지
· **mis** padres   나의 부모님

· **nuestro** abuelo   우리의 할아버지
· **nuestra** abuela   우리의 할머니

· **Nuestros** primos viven juntos.   우리들의 사촌들은 같이 살아.
· **Vuestra** tía es española.   너희들의 이모는 스페인 사람이야.

· Un amigo **mío**   내 친구 중 한 명
· Una amiga **mía**   내 친구(여성) 중 한 명

· Un edificio **suyo** está por aquí.   그의 건물 중 하나는 여기 근처에 있어.
· Un libro **mío** está dentro de la mochila.   내 책 중 한 권은 책가방 안에 있어.

이미 알고 있는 명사를 반복하지 않기 위해 명사를 생략하는 경우, **정관사+후치형 소유사**를 쓸 수 있어요. 이 경우에도 후치형 소유사는 소유사가 받는 본디 명사의 성과 수에 일치시켜주는 것을 잊지 마세요!

	남성단수형	여성단수형	남성복수형	여성복수형
내 것	el mío	la mía	los míos	las mías
너의 것	el tuyo	la tuya	los tuyos	las tuyas
그 / 그녀 / 당신의 것	el suyo	la suya	los suyos	las suyas
우리의 것	el nuestro	la nuestra	los nuestros	las nuestras
너희들의 것	el vuestro	la vuestra	los vuestros	las vuestras
그들 / 그녀들 / 당신들의 것	el suyo	la suya	los suyos	las suyas

예문)

Ⓐ ¿Dónde están **mis** zapatos?   내 구두는 어디에 있니?
Ⓑ **Los tuyos** están allí y **los míos**, aquí.   네 구두는 저기에 있고, 내 것은 여기에 있어.

Ⓐ ¿De quién es la llave?   열쇠는 누구의 것이죠?
Ⓑ Es *mía.   제 것이에요.
* 후치형 소유사가 'ser' 동사의 보어로 쓰이는 경우에는 일반적으로 관사가 생략돼요.

핵심 문법 확인하기

· - - - 핵심 문법 내용을 확인하며 복습해볼까요? - - - -

01~03 다음 빈칸에 들어갈 말을 고르세요.

01 _____ **padres**

나의 부모님

a) mi   b) mis   c) tus   d) sus

02 _____ **padre**

나의 아버지

a) mi   b) mis   c) tus   d) sus

03 _____ **perro**

우리들의 개

a) nuestro   b) nuestra   c) su   d) sus

04~05 다음 빈칸에 들어갈 말을 써보세요.

04

Un amigo _____ .

내 친구 중 한 명

05

¿Dónde están los _____ ?

너의 것들은 어딨어?

정답   ① b   ② a   ③ a   ④ mío   ⑤ tuyos

134

핵심 문법 배우기

오늘의 핵심 문법을 공부해볼까요?

② 동사 poder

가능 표현을 할 때 쓰이는 동사 poder! 현재형 시제 불규칙 변형 동사 poder는 뒤에 동사원형이 오면 '~가 가능하다' 라는 표현으로 쓸 수 있어요.

poder ~할 수 있다			
yo	pued**o**	nosotros, nosotras	pod**emos**
tú	pued**es**	vosotros, vosotras	pod**éis**
él, ella, usted	pued**e**	ellos, ellas, ustedes	pued**en**

예문)

· Yo puedo nadar. 나는 수영을 할 줄 알아.
· Yo no puedo hablar español. 나는 스페인어를 할 줄 몰라.
· ¿Puedes hablar inglés? 너는 영어를 할 줄 아니?
· Mi padre puede cantar. 나의 아버지는 노래를 할 줄 아셔.
· No podemos viajar este verano. 이번 여름엔 우린 여행을 못 가.

핵심 문법 확인하기

━ ━ ━ 핵심 문법 내용을 확인하며 복습해볼까요? ━ ━ ━

01~05 빈 칸에 들어갈 알맞은 말을 고르세요.

01 **Yo _____ nadar.**

나는 수영을 할 줄 알아.

a) puedo   b) puedes   c) puede   d) podemos

02 **No _____ hablar español.**

나는 스페인어를 할 줄 몰라.

a) puedo   b) puedes   c) puede   d) podemos

03 **¿ _____ hablar inglés?**

너는 영어를 할 줄 아니?

a) Puedo   b) Puedes   c) Puede   d) Podemos

04 **Mi padre _____ cantar.**

나의 아버지는 노래를 할 줄 아셔.

a) puedo   b) puedes   c) puede   d) podemos

05 **No _____ viajar este verano.**

이번 여름엔 우린 여행을 못 가.

a) puede   b) puedes   c) podemos   d) podéis

정답   ① a   ② a   ③ b   ④ c   ⑤ c

MEMO

조심해요!

오늘 배울 내용 ▶
- tener 관용표현 ②
- 동사 venir, jugar

오늘의 대화에서는 동사 tener 를 활용한 관용표현 2탄에 대해 배워볼 거예요.
핵심 문법에서는 동사 venir, jugar 를 배워보죠!

✓ 순례길 걷기 챌린지 : 순례길에서 편지 쓰고 싶은 사람 리스트 적어보기

✓ 스페인어 친해지기 챌린지 : 스페인어로 "고마워요"라고 옆 사람에게 표현해보기

📍 Camino de Santiago

오늘의 공부 tip

- 지난 발걸음에 이은 tener 관용표현 2탄입니다! 지난 시간의 내용과 함께 잘 암기해주세요!

- 불규칙 변화하는 동사들이더라도 불규칙 변화 형태가 동사마다 달라지는 점을 유의해주세요!

대화 속에 들어가기

--- 대화 속의 인물이 되어 오늘의 회화표현을 배워볼까요? ---

(A) **Ahora son las tres menos cuarto. Tenemos que caminar tres o cuatro horas más.**

지금 3시 15분 전이야. 3~4시간 더 걸어야 해.

(B) **Mina, está muy nublado y hace viento. Creo que esta tarde va a llover.**

미나, 지금 너무 흐리고 바람이 불어. 내 생각엔 오늘 오후에 비가 올 것 같아.

(A) **Claro, caminar con lluvia no es buena idea.**

맞아, 비와 함께 걷는 것은 좋은 생각은 아니지.

(B) **Tenemos que esperar un momento.**

조금 기다릴 필요가 있어.

(A) **¡Oh! Ahora llueve un poco.**

아! 지금 비가 조금 내려.

(B) **¡Qué mala suerte!**

운이 안좋은데!

(A) **Y ahora llueve más.**

그리고 지금 더 내리고 있어.

(B) **No tengo ganas de caminar con lluvia. Mejor, vamos a un albergue.**

비를 맞으면서 걷고 싶지 않아. 아무 알베르게나 가는 게 좋겠어.

≫ **필수 어휘 외우기** ──────────────────────────

• nublado	흐린	• llover	비내리다	• esperar	기다리다
• suerte ♀	운				

대화 확인하기

대화 속 주요 표현을 떠올리며 복습해 볼까요?

01~05 빈 칸에 들어갈 알맞은 말을 써보세요.

01

Ahora _____ las tres menos cuarto.

지금 3시 15분 전이야.

02

Tenemos que caminar tres o cuatro _____ más.

3~4시간 더 걸어야 해.

03

Está muy nublado y hace _____ .

지금 너무 흐렸고 바람이 불어.

04

Ahora _____ un poco.

지금 비가 조금 내려.

05

¡Qué mala _____ !

운이 안 좋은데!

정답   ① son   ② horas   ③ viento   ④ llueve   ⑤ suerte

대화 속에서 쓰였던 회화표현을 알아볼까요?

■ 동사 tener 의 관용표현 ②

tener + razón	일리가 있다
tener + éxito	성공하다
tener + cuidado	조심하다
tener que + 동사원형	～해야 한다 (영어의 "have to")
tener ganas de 명사/동사원형	～를 하고 싶다 (욕망과 의지표현)

예문)

· Tienes razón. 너가 일리가 있네.

· ¡Ten cuidado! 조심해!

· Tengo que escribir la carta. 나 편지 써야 해.

· Tienes que estudiar. 너 공부해야 해.

· ¿Tienes ganas de comer? 너 먹고 싶어?

· ¿Tenéis ganas de dormir? 너희들 자고 싶어?

표현 확인하기

●--- 주요 회화 표현을 확인하며 복습해볼까요? -----

01~05 빈 칸에 들어갈 알맞은 말을 써보세요.

01

_____ **razón.**

너가 일리가 있네.

02

¡Ten _____ **!**

조심해!

03

_____ _____ **escribir una carta.**

나 편지 한 통을 써야 해.

04

Tú _____ _____ **estudiar más.**

너는 공부를 더 해야 해.

05

¿Tienes _____ **de comer?**

너 먹고 싶어?

정답 ① Tienes   ② cuidado   ③ Tengo que   ④ tienes que   ⑤ ganas

핵심 문법 배우기

- - - 오늘의 핵심 문법을 공부해볼까요? - - - -

1 동사 venir

동사 venir는 '오다'라는 뜻의 동사로 다섯 번째 발걸음에서 배운 '가다'라는 뜻의 동사 ir의 반의어에요. 현재형 불규칙동사이므로 암기시 주의해주세요. 「venir a 동사원형」 구문은 '~하러 오다'라는 미래의 뜻으로 쓰여요.

venir 오다			
yo	veng**o**	nosotros, nosotras	ven**imos**
tú	vie**nes**	vosotros, vosotras	ven**ís**
él, ella, usted	vie**ne**	ellos, ellas, ustedes	vie**nen**

예문)

· ¿A qué hora vienes a casa? 너 집에 몇 시에 오니?
· Vengo a correr. 나는 뛰러 왔어.
· ¿Con quién viene Juan? 후안은 누구와 함께 와?
· Ella no viene hoy porque tiene mucho trabajo. 그녀는 오늘 오지 않아. 왜냐하면 일이 많거든.
· Ellos vienen a tiempo. 그들은 정시에 온다.

144

핵심 문법 확인하기

←--- 핵심 문법 내용을 확인하며 복습해볼까요? ----

01~05 빈 칸에 들어갈 알맞은 말을 고르세요.

01 ¿A qué hora _____ a casa?

너 집에 몇 시에 오니?

a) vengo   b) vienes   c) viene   d) vienen

02 _____ a correr.

나는 뛰러 왔어.

a) Vengo   b) Vienes   c) Viene   d) Vienen

03 ¿Cón quién _____ Juan?

후안은 누구와 함께 와?

a) vengo   b) vienes   c) viene   d) vienen

04 Ella no _____ hoy porque tiene mucho trabajo.

그녀는 오늘 오지 않아. 왜냐하면 일이 많거든.

a) vengo   b) vienes   c) viene   d) vienen

05 Ellos _____ a tiempo.

그들은 정시에 온다.

a) vengo   b) vienes   c) viene   d) vienen

정답   ① b   ② a   ③ c   ④ c   ⑤ d

145

핵심 문법 배우기

오늘의 핵심 문법을 공부해볼까요?

2 동사 jugar

동사 jugar는 '놀다, 경기하다'란 뜻의 동사에요. 현재형 불규칙동사이므로 암기 시 주의해주세요.

jugar 놀다, 경기하다			
yo	jue**go**	nosotros, nosotras	jug**amos**
tú	jue**gas**	vosotros, vosotras	jug**áis**
él, ella, usted	jue**ga**	ellos, ellas, ustedes	jue**gan**

예문)

· Juego al fútbol. 나는 축구를 한다.
· ¿Puedes jugar al tenis? 테니스를 할 줄 알아?
· Mi amigo y yo jugamos a la pelota. 내 친구와 나는 공을 갖고 논다.
· Los niños juegan fuera de la casa. 꼬마들은 집 밖에서 놀고 있다.
· José viene a jugar conmigo. 호세는 나와 놀기 위해 온다.

핵심 문법 확인하기

- - - 핵심 문법 내용을 확인하며 복습해볼까요? - - - -

01~04 빈 칸에 들어갈 알맞은 말을 고르세요.

01 _____ **al fútbol.**

나는 축구를 한다.

a) Juego　　　　b) Juegas　　　　c) Juega　　　　d) Juegan

02 **¿Puedes _____ al tenis?**

테니스를 할 줄 알아?

a) juego　　　　b) juegas　　　　c) juega　　　　d) jugar

03 **Mi amigo y yo _____ a la pelota.**

내 친구와 나는 공을 갖고 논다.

a) juego　　　　b) juegas　　　　c) jugamos　　　　d) juegan

04 **Los niños _____ fuera de la casa.**

꼬마들은 집 밖에서 놀고 있다.

a) juego　　　　b) juegas　　　　c) juega　　　　d) juegan

05 다음 빈칸에 들어갈 말을 쓰세요.

José _____ ____ _____ conmigo.

호세는 나와 놀기 위해 온다.

정답　① a　② d　③ c　④ d　⑤ viene a jugar

몇 시에 일어나요?

- 재귀동사를 이용한 표현 익히기
- 재귀동사란?

오늘의 대화, 핵심 문법 모두에서 재귀동사의 새로운 개념에 대해 배울 거예요!

✅ 순례길 걷기 챌린지 : 가까운 등산 다녀오기

✅ 스페인어 친해지기 챌린지 : 스페인어 드라마 넷플릭스에서 보기

📍Camino de Santiago

오늘의 공부 tip ▶ • 생소할 수 있는 재귀동사를 이해하고 재귀동사가 들어간 기본적인 표현을 말해 보아요!

대화 속에 들어가기

대화 속의 인물이 되어 오늘의 회화표현을 배워볼까요?

A **¿A qué hora te levantas normalmente?**

너는 보통 몇 시에 일어나?

B **Me levanto a las 9 de la mañana. Pero aquí durante el camino, me levanto a las 6.**

보통은 아침 9시에 일어나는 편이야. 하지만 여기 순례길 중에는 6시에 일어나.

A **Yo también. Y ¿a qué hora te acuestas estos días?**

나도야. 그럼 요즘은 몇 시에 잠에 들어?

B **Prefiero levantarme temprano. Así que me acuesto a eso de las 21.**

일찍 일어나는 것을 선호하기 때문에 대략 21시에는 자는 것 같아.

A **¡Qué diligente eres!**

너 겁나 부지런하다야!

B **Jajaja.**

하하하.

≫ **필수 어휘 외우기**

• levantarse	일어나다	• durante	~중에	• camino ♂	길
• estos días	요즘에	• preferir	선호하다	• temprano	일찍
• a eso de	대략 ~시에	• diligente	부지런한		

150

대화 확인하기

대화 속 주요 표현을 떠올리며 복습해 볼까요?

01~05 빈 칸에 들어갈 알맞은 말을 써보세요.

01

¿ _____ _____ _____ te levantas normalmente?

너는 보통 몇 시에 일어나?

02

Me levanto _____ _____ _____ de la mañana.

나는 아침 9시에 일어나요.

03

_____ levantarme temprano.

(나는) 일찍 일어나는 것을 선호해.

04

Me acuesto _____ _____ _____ las 21.

대략 21시에 자요.

05

¡ _____ _____ eres!

정말 부지런하네!

정답 ① A qué hora ② a las 9 ③ Prefiero ④ a eso de ⑤ Qué diligente

상황 속 표현 익히기

--- 대화 속에서 쓰였던 회화표현을 알아볼까요? ---

■ 대표적인 재귀동사들

나의 하루를 설명하기 위해 반드시 알아야 하는 재귀동사들! 하루 루틴과 관련된 동작들을 주로 재귀동사로 나타내요.

재귀동사	일반동사
despertarse 깨어나다	despertar 깨우다
levantarse 일어나다	levantar 일으키다
ducharse 샤워하다	duchar 샤워시키다
cepillarse 양치하다	cepillar 솔질하다
peinarse 빗질하다	peinar 빗질해주다
afeitarse 면도하다	afeitar 면도해주다
lavarse 세면하다	lavar 씻기다, 설거지하다, 세탁하다
maquillarse 화장하다	maquillar 화장해주다
vestirse 옷을 입다	vestir 옷을 입히다, 옷을 입다
bañarse 목욕하다	bañar 물에 담그다, 목욕시키다

예문)

· Me despierto sobre las 6. 나는 대략 6시에 깨어난다.
· Me levanto de esta silla. 이 의자에서 나는 일어난다.
· Él se ducha rápido. 그는 빠르게 샤워한다.
· Mi madre se peina por la mañana. 나의 어머니는 아침에 머리를 빗으신다.
· Lávate las manos. 손 씻어!
· Mis hijos se bañan cada noche. 나의 아들들은 매일 저녁 목욕을 한다.

01~05 다음 뜻을 가진 동사를 고르세요.

01

깨어나다

a) despertarse   b) despertar   c) ducharse   d) duchar

02

샤워하다

a) ducharse   b) afeitarse   c) lavarse   d) peinarse

03

양치하다

a) ducharse   b) cepillarse   c) maquillase   d) vestirse

04

세면하다

a) ducharse   b) bañarse   c) lavarse   d) lavar

05

화장하다

a) peinarse   b) levantarse   c) maquillarse   d) vestirse

정답   ① a   ② a   ③ b   ④ c   ⑤ c

핵심 문법 배우기

--- 오늘의 핵심 문법을 공부해볼까요? ---

■ 재귀동사 이해하기

회화파트에서 자주 쓰이는 재귀동사들을 암기하고 오셨죠? 이번 문법편에선 재귀동사에 대해 이해를 해볼까요?
비유하자면 재귀동사는 동사가 마치 부메랑, 일반동사는 마치 총 처럼 문장 내에서 움직인다고 생각해주세요!
재귀동사는 "재귀대명사"를 반드시 수반하게 되며, 아래처럼 주어의 6가지 인칭에 따라 6가지 형태로 바뀌게 돼요.
재귀동사가 들어간 문장은 "주어가 동사를 하다"가 아니라 "주어가 동사 되어진다"라고 해석하게 돼요.

levantarse 일어나다			
yo	**me** levanto	nosotros, nosotras	**nos** levantamos
tú	**te** levantas	vosotros, vosotras	**os** levantáis
él, ella, usted	**se** levanta	ellos, ellas, ustedes	**se** levantan

재귀동사	일반동사
levantar**se** (주어가) 일어나다	levantar (주어가) 일으키다
despertar**se** 깨어나다	despertar 의식을 차리게하다, 깨우다
lavar**se** 씻다	lavar 씻기다, 설거지하다, 빨래하다
duchar**se** 샤워하다	duchar 샤워시키다
bañar**se** 몸을 물에 담그다, 목욕하다	bañar 물에 담그다, 목욕시키다
poner**se** 착용하다, 옷을 입다	poner 놓다
peinar**se** 머리를 빗다	peinar 빗질하다
secar**se** (본인의) 머리, 몸을 말리다	secar 말리다
maquillar**se** 화장하다	maquillar 화장해주다
ir**se** 떠나다	ir 가다
acostar**se** 눕다	acostar 눕히다
sentar**se** 앉다	sentar 앉히다

예문)

· Yo me levanto a las 7.   나는 7시에 일어난다.
· Nos acostamos temprano.   우리는 일찍 잔다.
· Los niños se sientan en aquella silla.   저 의자에 앉는다.
· Ella se baña en el mar.   그녀는 해수욕을 한다.
· Él se peina solo.   그는 혼자서 머리를 빗는다.

핵심 문법 확인하기

- - - 핵심 문법 내용을 확인하며 복습해볼까요? - - - - -

01~05 빈칸에 들어갈 재귀대명사를 고르세요.

01 **Yo _____ levanto a las 7.**

나는 7시에 일어난다.

a) me   b) te   c) se   d) os

02 **Mi madre _____ maquilla.**

우리 어머니는 화장을 하신다.

a) me   b) te   c) se   d) os

03 **El niño _____ pone la gorra.**

꼬마는 모자를 쓴다.

a) me   b) te   c) se   d) os

04 **Tú _____ sientas aquí.**

너는 여기 앉는다.

a) me   b) te   c) se   d) nos

05 **María y Juan _____ bañan por la noche.**

마리아와 후안은 저녁에 목욕한다.

a) me   b) te   c) se   d) nos

정답   ① a   ② c   ③ c   ④ b   ⑤ c

2코스 ♀ 팜플로나에서 부르고스까지 완주!

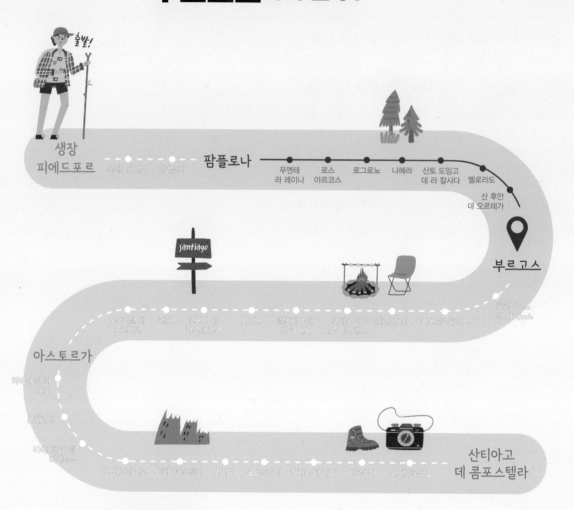

생장 피에드포르
론세스바예스 라라소냐 팜플로나 푸엔테 라 레이나 로스 아르코스 로그로뇨 나헤라 산토 도밍고 데 라 칼사다 벨로라도 산 후안 데 오르테가 부르고스

오스피탈 데 오르비고 세온 몬시아 데 라스 플라스 시아론 빌라달고 데 라 쿠에사 카리온 데 로스 콘데스 프로미스타 카스트로헤리스 온타나스 델 카미노

아스토르가 폰세바동 푸에르토 비야프랑카 델 비에르소 오 세브레이로 타리카스텔라 사리아 포르토마린 팔라스 데 레이 아르수아 오 페드로우소 산티아고 데 콤포스텔라

응원메세지

¡Ánimo! 힘내세요! 우리말의 "화이팅!"격의 스페인어 표현인데요, 잘 보면 "Animation(애니메이션)"의 앞 글자들이 보이실거예요. 이미지를 붙여 역동적인 영상으로 만드는 것을 애니메이션이라 부르듯, 멈춰 있는 자신 혹은 타인에게 힘을 불어넣어주는 응원 표현이에요! 2번째 코스도 수고 많으셨습니다. 언제나 ¡Ánimo! 입니다!

📍 순례자들의 하숙집, 알베르게란?

하루 평균 20~30km를 걷는 순례자들에겐 지친 몸을 쉬게 해줄 숙소를 정하는 것이 중요하겠죠! 순례길의 중간중간엔 알베르게(Albergue)라 불리는 순례자를 위한 숙소(하숙집)가 있습니다. 평균 8~10km 거리를 걸을 때마다 알베르게를 만날 수 있다고 하는데요, 성수기 시즌인 7~8월엔 만실이 되는 경우도 있다고 해요.

기본적으로 다인실 2층 침대 그러니까 혼성 도미토리 숙소이며, 공용의 샤워시설, 세탁기, 주방공간이 갖춰져 있습니다. 모든 순례자들이 이용하는 장소이기에 다양한 국적의 친구들과 교류할 수 있는 기회가 있는 곳이기도 하지요.

공립알베르게는 저렴한 가격(하루기준 5~12유로)이 장점이지만, 시설의 관리면에서 복불복일 수도 있어요. 사전예약이 불가능한 곳도 있기에 체크인은 도착 순서대로 이뤄지고요. 하루 밤을 묵고 떠나는 것이 일반적이며 알베르게마다 조식과 식사를 제공하는 곳도 있어요.

CARNET DE PÈLERIN
DE SAINT-JACQUES

"Credencial del Peregrino"

*Teminé el camino
de Saint Jean Pied de Port a Pamplona.*

*Teminé el camino
de Pamplona a Burgos.*

*Teminé el camino
de Burgos a Astorga.*

*Teminé el camino
de Astorga a Santiago de Compostela.*

Saint Jean Pied de Port

Pamplona

Burgos

Astorga

Camino de Santiago

열다섯 번째 발걸음

화장실이 어됬나요?

오늘 배울 내용

- 길묻기 표현
- 장소 전치사구 표현

오늘의 대화에서는 길묻기와 대답하는 방법에 대해 배워볼 거예요.
핵심 문법에서는 장소 전치사구를 익혀볼 거예요.

오늘의 챌린지

☑ 순례길 걷기 챌린지 : 순례길 albergue 문화에 대해 조사해보기

☑ 스페인어 친해지기 챌린지 : 교재에 있는 스페인어 문장 5개 소리내어 읽어보기

📍 **Camino de Santiago**

오늘의 공부 tip

• 뚜벅이 여행중이라면 반드시 필요한 길묻기와 관련된 표현을 익혀보세요!

• 장소 전치사구를 알면 위치표현을 할 수 있게 돼요.

대화 속에 들어가기

대화 속의 인물이 되어 오늘의 회화표현을 배워볼까요?

Ⓐ Disculpe, ¿cómo puedo ir al Museo del Prado?

실례합니다. 프라도 미술관엔 어떻게 갈 수 있나요?

Ⓑ Pues, siga todo recto hasta el final de la calle, gire a la izquierda y tres calles más adelante, gire a la derecha. Desde allí puede verlo.

음, 길의 마지막까지 직진하시다가, 왼쪽으로 도세요. 그리고 길 세 개를 더 가신 후에 오른쪽으로 도세요. 거기에서 미술관이 보일 거예요.

Ⓐ ¿Será fácil de llegar?

도착하는 데 쉬울까요?

Ⓑ Claro, tardará unos diez minutos.

당연하죠, 한 10분 정도 걸릴 거예요.

Ⓐ Mil gracias.

정말 감사해요.

≫ 필수 어휘 외우기

• poder 동사원형	~할 수 있다	• museo ♂	박물관, 미술관	• seguir	따라가다, 계속 ~하다
• girar	돌다	• izquierda	왼쪽의	• derecha	오른쪽의
• adelante	앞으로	• allí	거기	• llegar	도착하다
• tardar	시간이 걸리다				

162

대화 확인하기

대화 속 주요 표현을 떠올리며 복습해 볼까요?

01~05 빈 칸에 들어갈 알맞은 말을 써보세요.

01

¡ _____ !

실례합니다!

02

¿ _____ puedo ir al Museo del Prado?

프라도 미술관엔 어떻게 갈 수 있나요?

03

_____ a la izquierda.

왼쪽으로 도세요.

04

¿Será fácil de _____ ?

도착하는 데 쉬울까요?

05

¡ _____ !

당연하죠!

정답 ① Disculpe ② Cómo ③ Gire ④ llegar ⑤ Claro

상황 속 표현 익히기

●--- 대화 속에서 쓰였던 회화표현을 알아볼까요? ----

■ 길묻기와 관련된 표현

여행지를 걷다보면 길을 잃어버릴 때가 있죠? 오늘 배우는 표현을 통해 길묻기와 관련한 표현을 미리 익혀보세요!

질문하기	대답하기
¿Dónde está el baño? 화장실이 **어딨나요**?	
¿Dónde está el supermercado por aquí? 여기 슈퍼마켓이 **어딨나요**?	Estoy **perdido / perdida** 길을 잃었어요.
¿Hay un baño aquí / allí / ahí? 여기 / 거기 / 저기 화장실이 **있나요**?	Estoy **buscando** un baño. 화장실을 **찾고** 있어요.
¿Hay un supermercado por aquí? 여기 슈퍼마켓이 **있나요**?	Sigue **todo recto**. 앞으로 **직진**하세요.
¿Está cerca / lejos? 가깝나요 / 먼가요?	Gira a la **derecha / izquierda**. **오른쪽/왼쪽으로** 도세요.
¿De aquí **cuánto queda**? 여기서 **얼마나 남았나요**?	

표현 확인하기

← - - 주요 회화 표현을 확인하며 복습해볼까요? - - - ↗

01~05 빈 칸에 들어갈 알맞은 말을 써보세요.

01

¿ _____ está el baño?

화장실이 어딨나요?

02

¿ _____ un supermercado por aquí?

여기 슈퍼마켓이 있나요?

03

¿Está _____ o lejos?

가깝나요? 먼가요?

04

Estoy _____ .

저는 길을 잃었어요.

05

Sigue todo _____ .

앞으로 직진하세요.

정답 ① Dónde   ② Hay   ③ cerca   ④ perdido, perdida   ⑤ recto

핵심 문법 배우기

- - - ← 오늘의 핵심 문법을 공부해볼까요? - - - - -

■ 장소전치사구 표현

장소전치사구와 동사 estar, hay를 활용하면 기본적인 위치표현 문장을 구사할 수 있게 돼요!

1) Sobre, encima de ～위에

El libro está sobre la silla. 그 책은 의자 위에 있다.

Tu llave está encima de la mesa. 너의 열쇠는 책상 위에 있다.

2) Debajo de ～아래에

El perro está debajo de la ventana. 그 개는 창문 아래에 있다.

3) Delante de ～앞에

El gato está delante de la casa. 그 고양이는 집 앞에 있다.

4) Detrás de ～뒤에

La farmacia está detrás *del cine. 약국은 영화관 뒤에 있다.

*전치사 de + 정관사 el 이 함께 나올 때 del로 써야해요.

5) Enfrente de ～의 정면에

Yo estoy enfrente de tu casa. 나는 너의 집 바로 정면에 있어.

6) Dentro de ～안에

Hay un perrito dentro de la caja. 상자 안에 한 마리의 강아지가 있어.

7) Fuera de ～밖에

Hay alguien fuera del edificio. 건물 밖에 누군가 있다.

8) al lado de ～옆에

Yo estoy al lado de ti. 나는 너의 옆에 있다.

166

9) a la derecha de ~오른쪽에

El albergue está a la derecha de un bosque. 알베르게는 어떤 숲의 오른쪽에 있다.

10) a la izquierda de ~왼쪽에

El ordenador está a la izquierda de la flor. 그 컴퓨터는 꽃의 왼쪽에 있다.

11) entre A y B A와 B 사이에

Mi casa está entre el hospital y la escuela. 나의 집은 병원과 학교 사이에 있다.

12) cerca de ~가까이에

Estoy cerca de la escuela. 나는 학교 근처에 있다.

13) lejos de ~멀리에

El aeropuerto está lejos del albergue. 공항은 알베르게 멀리 떨어져있다.

01~05 빈 칸에 들어갈 알맞은 말을 고르세요.

01 **El libro está _____ la silla.**

그 책은 의자 위에 있다.

a) sobre b) debajo de c) cerca de d) lejos de

02 **La farmacia está _____ del cine.**

약국은 영화관 뒤에 있다.

a) encima b) detrás c) debajo d) delante

03 **Hay un perrito _____ de la caja.**

상자 안에 한 마리의 강아지가 있어.

a) cerca b) lejos c) debajo d) dentro

04 **El albergue está _____ de un bosque.**

알베르게는 한 숲의 오른쪽에 있어.

a) a la derecha b) a la izquierda c) cerca d) lejos

05 **Estoy _____ de la escuela.**

나는 학교 근처에 있다.

a) entre b) cerca c) lejos d) sobre

정답 ① a ② b ③ d ④ a ⑤ b

MEMO

열여섯 번째 발걸음

물집 예방 밴드가 있나요?

오늘 배울 내용 ▷
- 약국에서 쓸 수 있는 표현
- 목적대명사

오늘의 대화에서는 약국에서 쓸 수 있는 표현을 배워볼 거예요.
핵심 문법에서는 목적대명사에 대해 배워볼 거예요.

오늘의 챌린지

- ✅ 순례길 걷기 챌린지 : 약국에서 쓸 수 있는 표현 2개 암기하기
- ✅ 스페인어 친해지기 챌린지 : 스페인어 남자명사, 여자명사 각각 10개 써보기

📍Camino de Santiago

오늘의 공부 tip

- 약국에서 쓸 수 있는 대화 패턴에 대해 배워보아요!
- 목적대명사를 알면 더 효율적인 대화를 만들어갈 수 있어요!

대화 속에 들어가기

╺╴╴╴ 대화 속의 인물이 되어 오늘의 회화표현을 배워볼까요? ╴╴╴╴

A **Buenos días.**

좋은 아침입니다.

B **Buen día, estoy buscando paracetamol.**

안녕하세요, 진통제를 찾고 있습니다만.

A **¿Cómo le puedo ayudar? ¿Por qué razón es?**

어떻게 도와드릴까요? 무슨 이유인가요?

B **Me duele mucho el estómago.**

배가 너무 아파서요.

A **Tiene dolor en el estómago. Su medicina...aquí la tiene.**

복부에 통증이 있군요. 당신의 약이⋯ 여기 있어요.

B **Gracias. ¿Hay algún hospital cerca?**

감사합니다. 근처에 병원 한군데라도 있을런지요?

A **Hay uno pero está a 50 kilómetros de aquí.**

한군데 있지만, 여기서 50키로미터 떨어져 있어요.

≫ **필수 어휘 외우기** ─────────

• paracetamol ♂	진통제	• razón ♀	이유, 이성	• doler	주어가 ~에게 아프게 하다
• estómago ♂	배, 위	• medicina ♀	약		

대화 확인하기

━ ━ ━ ◀ 대화 속 주요 표현을 떠올리며 복습해 볼까요?

01~05 빈 칸에 들어갈 알맞은 말을 써보세요.

01

Estoy buscando _____.

진통제를 찾고 있어요.

02

¿Por qué _____ **es?**

무슨 이유인가요?

03

Me duele mucho el _____.

배가 너무 아파서요.

04

Tiene _____ **en el estómago.**

복부에 통증이 있군요.

05

¿Hay algún hospital _____ **?**

근처에 병원 한군데라도 있을런지요?

정답 ① paracetamol   ② razón   ③ estómago   ④ dolor   ⑤ cerca

상황 속 표현 익히기

대화 속에서 쓰였던 회화표현을 알아볼까요?

■ 약국에서 쓸 수 있는 표현들

약국에서 쓸 수 있는 표현들을 배워볼까요?

Necesito unas curitas.	밴드가 몇 개 필요해요.
Estoy buscando paracetamol.	진통제를 찾고 있는 중이에요.
¿Tiene algunas medicina para el fiebre?	열을 위한 약이 있나요?
¿Tiene curitas?	밴드 있나요?
¿Tiene antiséptico?	소독약이 있나요?
¿Tiene curitas para la prevención de ampollas?	물집예방 밴드가 있나요?
Tengo dolor en la cabeza. / **Tengo dolor de** cabeza.	머리에 통증이 있어요.
Tengo estas picaduras en la pierna izquierda.	왼쪽 다리에 벌레 물린 자국이 있어요.
¿Cuántas veces al día hay que tomar / **poner** esta medicina?	이 약을 하루에 얼마나 복용해야하나요 / 발라야 하나요?
¿Cuántas veces a la semana hay que tomar esta medicina?	이 약을 일주일에 얼마나 복용해야하나요?

cuerpo	몸	pie	발
cabeza	머리	piel	피부
cara	얼굴	dedo	손가락
cuello	목	estómago	배(소화기관)
garganta	목구멍	picadura	물린상처
ojo	눈	cicatriz, herida	상처
nariz	코	quemadura	화상
boca	입	medicina	약
oreja	귀	curita	밴드
brazo	팔	antiséptico	소독약
pierna	다리	paracetamol	진통제
espalda	등	alergia	알러지

━ **표현 확인하기**

← - - 주요 회화 표현을 확인하며 복습해볼까요? - - - - - -

01~05 빈 칸에 들어갈 알맞은 말을 써보세요.

01

_____ unas curitas.

밴드가 몇 개 필요해요.

02

Estoy _____ **paracetamol.**

진통제를 찾고 있어요.

03

¿Tienes _____ **?**

소독약이 있나요?

04

Tengo dolor de _____ **.**

머리에 통증이 있어요.

05

¿Cuántas _____ **al día hay que tomar esta medicina?**

이 약을 하루에 얼마나 복용해야하나요?

정답   ① Necesito   ② buscando   ③ antiséptico   ④ cabeza   ⑤ veces

핵심 문법 배우기

- - - 오늘의 핵심 문법을 공부해볼까요? - - - -

■ 목적대명사

목적대명사는 앞서 나온 목적어를 대신해 받는 역할을 하여, 말의 효율성을 높여주는 역할을 합니다. 앞에 나온 목적어의 의미/성/수에 따라 아래처럼 분류되게 돼요. 목적대명사가 문장에서 나올 땐, 앞에서 받는 본디 목적어가 무엇인지 파악하는 것이 제일 중요해요! 그리고 목적대명사의 위치는 일반적으로 본동사(동사변형이 일어난 동사)의 앞에 위치시켜줘요.

직접목적대명사(~을/를)	간접목적대명사(~에게)
me 나를	me 나에게
te 너를	te 너에게
lo, la 그것을, 그를	le(se) 그에게
nos 우리를	nos 우리에게
os 너희들을	os 너희들에게
los, las 그것들을, 그들을, 그녀들을	les(se) 그들에게

Ⓐ Tengo tu libro. 나 책 한 권이 있는데.

Ⓑ ¿**Lo** tienes ahora? 그거 지금 갖고 있어?

Ⓐ No, está sobre la mesa. 아니, 책상 위에 있어.

Ⓐ ¿**Me** quieres mucho? 나를 많이 사랑해?

Ⓑ Claro, **te** quiero mucho. 그럼, 너를 많이 사랑하지.

Ⓐ ¿Me pasas la sal, por favor? 나에게 소금을 건네줄래?

Ⓑ *__Te la__ doy. Toma. 너에게 그걸 줄게. 받아.

*한 문장에 직접목적대명사와 간접목적대명사가 함께 오면 간접목적대명사를 먼저 써줘요.

Ⓐ ¿Qué **le** damos a él? ¿Una muñeca? 그에게 무엇을 줄까, 우리? 인형 하나?

Ⓑ Vale. **Se la** damos. 오케이. 그에게 그것을 주자.

Ⓐ ¿A quién paso la pelota? 누구에게 공을 패스할까?

Ⓑ **Se la** pasas. 그에게 그것을 패스해.

Ⓐ Pero, ¿a quién? 근데, 누구에게?

Ⓑ ¡Al portero! 골키퍼에게!

** 직접목적대명사와 간접목적대명사가 한 문장에 오면서 동시에 두 목적대명사 모두 3인칭 단수/복수 일 때 간접목적대명사 le 혹은 les를 se라고 써줘야해요.

핵심 문법 확인하기

핵심 문법 내용을 확인하며 복습해볼까요?

01~05 빈 칸에 들어갈 알맞은 말을 고르세요.

01 _____ **quiero mucho.**

너를 정말 사랑해.

a) Me   b) Te   c) Lo   d) Le

02 ¿ _____ **puedes hablar en español?**

그에게 스페인어로 말할 수 있어?

a) Me   b) Te   c) Lo   d) Le

03 **Vosotros** _____ **habláis nada.**

너희들은 우리에게 아무말도 안 한다.

a) me   b) te   c) os   d) nos

04 **Ellos** _____ **pasan una flor.**

그들은 꽃 한 송이를 그에게 건내준다.

a) lo   b) le   c) los   d) les

05 _____ **lo voy a regalar.**

나는 그(녀)에게 그것을 선물할 예정이야.

a) Le   b) Lo   c) Te   d) Se

정답 ① b   ② d   ③ d   ④ b   ⑤ d

열일곱 번째 발걸음

이 티셔츠는 얼마에요?

오늘 배울 내용 ▶
- 옷가게에서 쓸 수 있는 표현
- 전치격 인칭대명사
- 부정형용사와 부정대명사

오늘의 대화에서는 옷가게에서 쓸 수 있는 표현을 배워볼 거예요.
핵심 문법에서는 전치격 인칭대명사와 부정형용사와 부정대명사에 대해 배워보아요.

- ✓ 순례길 걷기 챌린지 : 순례길에 필요한 준비물 리스트 써보기
- ✓ 스페인어 친해지기 챌린지 : 스페인어로 가족소개 해보기

♀Camino de Santiago

오늘의 공부 tip

- 옷가게에서 쓸 수 있는 대화패턴에 대해 배워보아요!
- 앞에서 배운 전치사들을 복습하며 이번 문법내용을 익혀주세요.

대화 속에 들어가기

대화 속의 인물이 되어 오늘의 회화표현을 배워볼까요?

A **¿En qué puedo ayudarle?**

어떻게 도와 드릴까요?

B **Busco una blusa, la talla 44.**

블라우스 하나를 찾고 있어요, 사이즈 44로요.

A **¿Qué le parece aquella blanca?**

저기 하얀색은 어떠세요?

B **No me gusta mucho. ¿No tiene de otro color?**

마음에 많이 들진 않네요. 다른 색은 없어요?

A **Lo siento, ahora solo quedan las blancas.**

죄송합니다. 지금 하얀색만 남아있어요.

B **Pues... bueno. ¿Puedo probármela?**

음… 좋아요. 이 걸 입어봐도 될까요?

A **Por supuesto. Allí está el probador.**

당연하죠. 거기에 탈의실이 있어요.

(pasando algunos minutos...)

몇 분이 지난 후…

B **A mí me queda un poco grande.**

저에게 조금 크네요.

≫ **필수 어휘 외우기**

• buscar	찾다	• blusa ♀	블라우스	• talla ♀	사이즈
• parecer	~처럼 보이다	• blanco	하얀	• otro	다른
• quedar	남다	• probarse	입어보다	• probador ♂	탈의실

180

대화 확인하기

대화 속 주요 표현을 떠올리며 복습해 볼까요?

01~05 빈 칸에 들어갈 알맞은 말을 써보세요.

01

¿En qué _____ ayudarle?

어떻게 도와 드릴까요?

02

_____ una blusa.

블라우스 하나를 찾고 있어요.

03

¿No tiene de otro _____ ?

다른 색은 없어요?

04

Allí está el _____ .

거기 탈의실이 있어요.

05

A mí me _____ un poco grande.

저에게 조금 크네요.

정답 ① puedo   ② Busco   ③ color   ④ probador   ⑤ queda

181

상황 속 표현 익히기

● - - - 대화 속에서 쓰였던 회화표현을 알아볼까요?

■ 옷가게에서 쓸 수 있는 표현들

옷가게에서 쓸 수 있는 표현들을 배워볼까요?

질문하기	대답하기
¿En qué puedo ayudarle? 무엇을 도와드릴까요? ¿**Tienes** una camiseta con mangas largas? 긴소매 티셔츠 **있나요**? ¿Qué **talla** buscas? 어떤 **사이즈** 찾아요? ¿Cuál es tu/su **talla**? 너의 / 당신의 **사이즈**는 무엇인가요? ¿**Me** lo puedo **probar**? **입어봐도** 될까요? ¿Tienes algo de **color claro/oscuro**? **밝은/어두운 색**으로 있나요? ¿**Cuánto cuesta** esta camiseta? 이 티셔츠는 **얼마인가요**? ¿**Qué precio** tiene? **얼마인가요**? ¿**Con tarjeta** o **en efectivo**? **카드로** 아니면 **현금으로요**?	**Estoy buscando** una camiseta con mangas largas. 긴소매 티셔츠 **찾고 있어요.** Me queda **un poco grande.** 나에게 좀 크네요. Me queda **un poco pequeño.** 나에게 좀 작네요. Me quedan **un poco largos.** 나에게 좀 기네요. Me quedan **un poco cortos.** 나에게 좀 짧네요.

la camiseta	티셔츠
la camisa	셔츠
los pantalones	바지
los vaqueros	청바지
los jeans	청바지
los sombreros	(창이 있는) 모자
los zapatos	신발
mangas largas	긴 소매
mangas cortas	짧은 소매

01~05 빈 칸에 들어갈 알맞은 말을 써보세요.

01

¿Tienes una camiseta con mangas _____?

긴 소매 티셔츠 있나요?

02

¿Qué _____ buscas?

어떤 사이즈 찾아요?

03

¿Me lo puedo _____?

입어봐도 될까요?

04

¿Cuánto _____ esta camiseta?

이 티셔츠는 얼마인가요?

05

¿Con _____ o en _____?

카드로 아니면 현금으로요?

정답   ① largas   ② talla   ③ probar   ④ cuesta   ⑤ tarjeta, efectivo

핵심 문법 배우기

--- 오늘의 핵심 문법을 공부해볼까요? ----

1 전치격 인칭 대명사

아홉 번째 발걸음에서 배웠던 기본 전치사들 기억하시나요? 이번엔 전치사 사용법에 대해 조금 더 배워볼건데요, 전치격 인칭대명사는 전치사 뒤에 인칭대명사(yo, tú, él, ella, Ud., nosotros/as, vosotros/as, ellos/as, Uds..)가 오는 경우입니다. 전치격 인칭대명사는 1인칭, 2인칭 단수형만 형태가 바뀌는 점을 유의해야해요.

전치사	전치격 인칭대명사
a (to) de (from, of) en (in, at) por (by, around) para (for, toward) *con (with) sin (without)	**mí**
	ti
	él, ella, usted
	nosotros, nosotras
	vosotros, vosotras
	ellos, ellas, ustedes

* 전치사 con의 경우는 1인칭, 2인칭 단수 전치격 인칭대명사와 올 경우 conmigo, contigo로 바뀐다.

예문)

· Te quiero **a ti.   나는 **너를** 사랑해.
** 스페인어에선 사람 혹은 동물이 목적어로 오는 경우 일반적으로 전치사 a 를 앞에 붙여요.
· Él piensa en mí.   그는 **나를** 생각해.
· La vais a ver a ella.   너희들은 **그녀를** 보러 갈 예정이야.
· Esta flor es para ti.   이 꽃은 **너를 위한** 것이야.
· Ese libro es de él.   그 책은 **그의 것**이야.
· Quiero hablar contigo.   **너와 함께** 이야기하고 싶어.

01~05 빈 칸에 들어갈 알맞은 말을 고르세요.

01 Te quiero a _____ .

나는 너를 사랑해.

a) ti   b) mí   c) ella   d) él

02 Tú me quieres a _____ .

너는 나를 사랑해.

a) ti   b) mí   c) ella   d) él

03 Esta flor es para _____ .

이 꽃은 너를 위한 것이야.

a) ti   b) mí   c) ella   d) él

04 Ese libro es de _____ .

그 책은 그의 것이야.

a) ti   b) mí   c) ella   d) él

05 Quiero hablar con _____ .

너와 함께 이야기하고 싶어.

a) ti   b) mí   c) tigo   d) migo

정답   ① a   ② b   ③ a   ④ d   ⑤ c

핵심 문법 배우기

←--- 오늘의 핵심 문법을 공부해볼까요? ----

2 부정형용사와 부정대명사

부정사에서 '부정'은 "정해지지 않았다(undefined)"란 의미에요. 부정사는 명사 앞에서 수식을 하게 되며 의미에 따라 긍정(positive)의 부정사와 부정(negative)의 부정사로 나뉩니다. 앞에서 배웠던 hay 동사 뒤에 부정형용사 혹은 부정대명사가 자주 오게 되는데요, 불특정한 명사만 뒤에 올 수 있는 hay 동사의 특성입니다.

	긍정(positive) "어떤"	부정(negative) "아무(것)도 아닌"
형용사	algún, alguna, algunos, algunas + 명사	ningún, ninguna, ningunos, ningunas + 명사
대명사	alguno, alguna, algunos, algunas	ninguno, ninguna, ningunos, ningunas
	alguien (somebody) algo (something)	nadie (nobody) nada (nothing)

예문)

· ¿Hay algún coreano aquí?   여기 한국인이 있나요?
· Algunos de nosotros tienen el móvil.   우리들중 누군가는 휴대폰을 소지하고 있다.
· Hay algo dentro de mi mochila.   나의 백팩 안에 뭔가 있어.
· Ningunos niños tienen libros.(=Ningun niño tiene libros.)   어떤 꼬마들도 책을 갖고 있지 않다.
· No hay ninguna gente.(=No hay ninguna persona.)   아무 사람도 없다.
· No hay nadie.   아무도 없다.

핵심 문법 확인하기

‹--- 핵심 문법 내용을 확인하며 복습해볼까요? --- ›

01~05 빈 칸에 들어갈 알맞은 말을 고르세요.

01 **¿Hay _____ coreano aquí?**

여기 한국인이 있나요?

a) algún   b) alguno   c) ningún   d) ninguno

02 **Hay _____ dentro de la mochila.**

나의 백팩안에 뭔가 있어.

a) algún   b) alguno   c) algo   d) alguien

03 **_____ de nosotros tienen el móvil.**

우리들 중 누군가는 휴대폰을 소지하고 있어.

a) Algo   b) Algunos   c) Nada   d) Algún

04 **No hay _____ persona.**

아무 사람도 없다.

a) alguna   b) ninguna   c) nada   d) nadie

05 **No hay _____ .**

아무도 없다.

a) alguien   b) algo   c) nada   d) nadie

정답   ① a   ② c   ③ b   ④ b   ⑤ c

187

열여덟 번째 발걸음

도착에 얼마나 걸릴까요?

오늘 배울 내용 ▶
- 우체국에서 쓸 수 있는 표현
- 동사 seguir, pedir, servir
- 현재분사

오늘의 대화에서는 우체국에서 쓸 수 있는 표현을 배워볼 거예요.
핵심 문법에서는 현재형 불규칙 동사 seguir, pedir, servir 를 배우고 진행상태를 나타내는 현재분사를
배워보기로 해요.

오늘의 챌린지

✓ 순례길 걷기 챌린지 : 우체국에서 쓸 수 있는 표현 2개 암기하기

✓ 스페인어 친해지기 챌린지 : 스페인어 동사 5개로 문장 5개 만들어보기

📍 Camino de Santiago

오늘의 공부 tip
• 우체국에서 쓸 수 있는 대화패턴에 대해 배워보아요!
• 불규칙동사들 중에서도 비슷하게 바뀌는 동사들이 있어요!

Ⓐ Me gustaría mandar algo a Corea. ¿Sabes dónde está la oficina de Correos?

한국으로 무엇을 부치고 싶어요. 우체국이 어딨는지 알아요?

Ⓑ ¿Un paquete o un sobre?

소포인가요, 편지(봉투)인가요?

Ⓐ Un sobre. Una carta para mi mamá.

봉투 하나요. 우리 엄마에게 드리는 편지 한 통이에요.

Ⓑ Ahí está la oficina de Correos.

저기 우체국이 있어요.

Ⓐ Gracias.

감사합니다.

(entrando en la oficina)

우체국에 들어가면서

Ⓐ Hola. Estoy pensando enviar un sobre.

안녕하세요. 편지를 보낼까 생각중인데요.

Ⓒ Buenas tardes. Necesita comprar sello para enviarlo.

좋은 오후에요. 그것을 보내기 위해선, 우표를 구입하셔야 해요.

Ⓐ Perfecto. ¿Cuánto es?

완벽해요. 얼마인가요?

Ⓒ Cuesta 1 euro.

1유로에요.

≫ **필수 어휘 외우기**

• mandar, enviar	보내다	• paquete ♂	소포	• sobre ♂	봉투
• carta ♀	편지 / 메뉴판	• necesitar	필요하다	• sello ♂	우표
• cuánto	얼마의 (how much)	• costar	비용이 들다		

190

01~05 빈 칸에 들어갈 알맞은 말을 써보세요.

01

¿Sabes dónde está la oficina de _____ ?

우체국이 어딨는지 알아요?

02

¿Un _____ o un _____ ?

소포인가요, 봉투인가요?

03

Estoy pensado _____ un _____ .

봉투 하나를 보내고 싶어요.

04

Necesita comprar _____ para enviarlo.

그것을 보내기 위해선 우표를 구입하셔야 해요.

05

_____ 1 euro.

1유로에요.

정답   ① Correos   ② paquete, sobre   ③ enviar, sobre   ④ sello   ⑤ Cuesta, Es

상황 속 표현 익히기

- - - 대화 속에서 쓰였던 회화표현을 알아볼까요? - - - -

■ 우체국에서 쓸 수 있는 표현들

우체국에서 쓸 수 있는 표현들을 배워볼까요?

¿**Dónde está** la oficina de Correos?	우체국이 **어딨나요**?
¿Un **paquete** o un **sobre**?	**소포**인가요, **봉투**인가요?
Quiero enviar un paquete / un sobre.	소포 / 봉투를 **보내고 싶어요**.
Necesito sellos.	우표가 **필요해요**.
¿**Cuánto** cuesta?	**얼마**인가요?
¿Es **doméstico** o **internacional**?	**국내우편**인가요, **국제우편**인가요?
¿Es **urgente** o **normal**?	**긴급우편**인가요, **일반우편**인가요?
¿**Cuánto tardará** en llegar?	도착하는데 **얼마나 걸릴까요**?

La oficina de Correos	우체국	postal	엽서
paquete	소포	sello	우표
carta	편지	buzón	우체통
sobre	봉투		

표현 확인하기

●--- 주요 회화 표현을 확인하며 복습해볼까요? ----

01~05 빈 칸에 들어갈 알맞은 말을 써보세요.

01

Quiero enviar un _____ .

봉투로 보내고 싶어요.

02

Necesito _____ .

우표가 필요해요.

03

¿Es doméstico o _____ ?

국내우편인가요, 국제우편인가요?

04

¿Es _____ o normal?

긴급우편인가요, 일반우편인가요?

05

¿Cuánto tardará en _____ ?

도착하는데 얼마나 걸릴까요?

정답 ① sobre   ② sello, sellos   ③ internacional   ④ urgente   ⑤ llegar

핵심 문법 배우기

- - - 오늘의 핵심 문법을 공부해볼까요? - - - - -

■ 동사 seguir, pedir, servir

오늘 배울 동사 3개, seguir, pedir, servir는 현재형 불규칙 변화를 하는 동사들인데요, 이들은 불규칙 형태가 유사한 동사들이기에 함께 암기하는 것이 큰 도움이 돼요.

seguir 쫓다, 계속해서 ~하다(keep)			
yo	sig**o**	nosotros, nosotras	segu**imos**
tú	sig**ues**	vosotros, vosotras	segu**ís**
él, ella, usted	sig**ue**	ellos, ellas, ustedes	sig**uen**

pedir 요청하다(ask), 주문하다(order)			
yo	pid**o**	nosotros, nosotras	ped**imos**
tú	pid**es**	vosotros, vosotras	ped**ís**
él, ella, usted	pid**e**	ellos, ellas, ustedes	pid**en**

servir 제공하다			
yo	sirv**o**	nosotros, nosotras	serv**imos**
tú	sirv**es**	vosotros, vosotras	serv**ís**
él, ella, usted	sirv**e**	ellos, ellas, ustedes	sirv**en**

예문)

· Sigue todo recto. 쭉 직진해라.
· El gato sigue un coche. 그 고양이는 한 차량을 쫓는다.
· Te pido una cosa. 너에게 어떤 거 하나만 부탁할게.
· Pedimos una pizza. 우리는 피자 한 판을 주문한다.
· ¿Qué le sirvo? 무엇을 가져다드릴까요?
· Tú me lo sirves. 너가 나에게 그것을 제공한다.

핵심 문법 확인하기

핵심 문법 내용을 확인하며 복습해볼까요?

01~05 빈 칸에 들어갈 알맞은 말을 고르세요.

01 **El gato _____ un coche.**

그 고양이는 한 차량을 쫓는다.

a) sigo   b) sigues   c) sigue   d) siguen

02 **Yo te _____ una cosa.**

너에게 어떤 거 하나만 부탁할게.

a) pido   b) pides   c) pide   d) piden

03 **_____ una pizza.**

우리는 피자 한 판을 주문한다.

a) Pido   b) Pides   c) Pedimos   d) Pedís

04 **¿Qué le _____ ?**

무엇을 가져다드릴까요?

a) sirvo   b) sirves   c) sirve   d) servís

05 **Tú me lo _____ .**

너가 나에게 그것을 제공한다.

a) sirvo   b) sirves   c) sirve   d) servís

정답   ① c   ② a   ③ c   ④ a   ⑤ b

195

핵심 문법 배우기

--- 오늘의 핵심 문법을 공부해볼까요? ---

② 현재분사

현재분사는 영어의 ing형이에요. 계속해서 진행되는 동작과 행위를 나타낼 때 쓰게 돼요.

ar 동사	er, ir 동사
ar → **ando**	er, ir → **iendo**
hablar(말하다) → habl**ando**	comer(먹다) → com**iendo**
mirar(보다) → mir**ando**	aprender(배우다) → aprend**iendo**
tomar (잡다, 마시다) → tom**ando**	vivir(살다) → viv**iendo**
comprar(사다) → compr**ando**	escribir(쓰다) → escrib**iendo**

현재분사는 특정 동사 뒤에 쓰여 동작의 진행상황을 나타내는 표현들을 만들 수 있어요.

1) estar + 현재분사 ~하는 중이다

· Estoy comiendo algo rico. 나는 어떤 맛있는 것을 먹는 중이야.

2) seguir + 현재분사 계속해서 하는 중이다

· Yo sigo estudiando español. 계속해서 스페인어를 공부하고 있는 중이야.

3) ir + 현재분사 ~하면서 가다

· Vamos caminando al parque. 공원으로 걸으면서 가자.

4) venir + 현재분사 ~하면서 오다

· Él viene tomando un helado. 그는 아이스크림 하나를 먹으면서 온다.

01~03 다음 동사의 현재분사형을 쓰세요.

01 **cantar** 노래하다 ➡ _____

02 **bailar** 춤추다 ➡ _____

03 **entender** 이해하다 ➡ _____

04~05 다음 빈칸에 들어갈 알맞은 말을 고르세요.

04 **Yo estoy _____ solo.**

나 혼자서 사는 중이야.

a) vivir   b) vivido   c) vivo   d) viviendo

05 **Él sigue _____ español.**

그는 스페인어를 계속해서 공부하는 중이다.

a) estudiando   b) estudio   c) estudia   d) estudiar

정답 ① cantando   ② bailando   ③ entendiendo   ④ d   ⑤ a

빈방 있나요?

오늘 배울 내용 ▶

- 숙소예약 시 쓸 수 있는 표현
- 동사 saber, conocer

오늘의 대화에서는 숙소예약 시 쓸 수 있는 표현을 배워볼 거예요.
핵심 문법에서는 헷갈리는 동사 saber, conocer를 배워보아요.

오늘의 챌린지

✓ 순례길 걷기 챌린지 : 순례길에서 꼭 읽고 싶은 책 리스트 작성해보기

✓ 스페인어 친해지기 챌린지 : 스페인어로 쓰여진 브랜드 및 간판 찾아보기

📍Camino de Santiago

오늘의 공부 tip

• 숙소예약 때 필수적으로 체크해야될 사항들에 대해 알아보기로 해요!
• 뜻이 비슷해서 헷갈리는 대표적인 두 동사 saber, conocer는 예문과
  함께 익혀주셔야 해요!

Ⓐ ¡Buenas tardes! ¡Bienvenidos a nuestro albergue!

좋은 오후입니다. 우리 알베르게에 오신 걸 환영해요.

Ⓑ ¡Buenas tardes! ¿Hay habitaciones libres?

좋은 오후에요. 빈 방 있나요?

Ⓐ Sí, por supuesto. ¿Tienen una reserva?

네, 당연하죠. 예약 있으세요?

Ⓑ No, no tenemos reserva.

아니요, 예약 없습니다.

Ⓐ Está bien. No hay problema. ¿Para cuántas personas?

괜찮아요. 문제 없습니다. 몇 명을 위한 것일까요?

Ⓑ Somos dos.

저희는 두 명이에요.

Ⓐ Bien. ¿Qué tipo de habitación necesitan?

좋아요. 어떤 타입의 방을 필요로 하시나요?

Ⓑ Necesitamos una habitación doble.

더블룸 하나가 필요해요.

Ⓐ Muy bien. Hay habitaciones con dos camas y otras con una cama doble.

아주 좋아요. 침대 2개가 딸린 방이 있구요, 더블베드 하나가 있는 방들도 있어요.

Ⓑ ¿Cuál es el precio por una noche?

1박에 얼마인가요?

Ⓐ 15 euros cada noche.

1박에 15유로입니다.

》 **필수 어휘 외우기** ────────────────────

• libre	비어있는	• reserva ♀	예약	• persona ♀	사람
• tipo ♂	타입	• doble	더블, 더블룸	• individual	개인, 싱글룸
• habitación ♀	방	• cama ♀	침대	• precio ♂	가격
• cada	각각, 당(each)				

대화 확인하기

대화 속 주요 표현을 떠올리며 복습해 볼까요?

01~05 빈 칸에 들어갈 알맞은 말을 써보세요.

01

¡ _____ a nuestro albergue!

우리 알베르게에 오신 걸 환영해요!

02

¿Hay habitaciones _____ ?

빈 방 있나요?

03

¿ _____ cuántas personas?

몇 명을 위한 것일까요?

04

Necesitamos una habitación _____ .

더블룸 하나가 필요해요.

05

15 euros _____ noche.

1박에 15유로입니다.

정답   ① Bienvenidos   ② libres   ③ Para   ④ doble   ⑤ cada

상황 속 표현 익히기

--- 대화 속에서 쓰였던 회화표현을 알아볼까요? ---

■ 숙소예약에서 쓸 수 있는 표현

숙소예약 상황에서 쓸 수 있는 표현들을 배워볼까요?

¿**Hay** habitaciones libres?	빈 방 **있나요**?
¿**Hay** habitaciones libres esta noche?	오늘밤 빈 방 **있나요**?
¿**Hay** una habitación libre en este hotel esta noche?	오늘밤 이 호텔에 빈 방 하나가 **있나요**?
¿**Hay** habitaciones privadas con baño privado?	개인화장실이 딸린 개인룸이 **있나요**?
¿**Hay** WIFI?	와이파이 **있나요**?
¿**Hay** lavadora?	세탁기 **있나요**?
¿**Para** cuántas personas?	몇 명을 위한 **것이죠**?
¿**Para** cuántos días?	며칠 동안 묵기 **위한 것이죠**?
¿**Para** cuándo?	언제를 **위한 것이죠**?
¿Cuál es la contraseña de WIFI?	와이파이 비밀번호가 무엇인가요?

habitación	방	cama doble	더블베드
habitación compartida	쉐어룸	lavadora	세탁기
habitación privada / individual	개인룸	secadora	드라이기
baño privado	개인화장실	usuario	ID, 유저명
baño compartido	공용화장실	contraseña	비밀번호
cama individual	싱글베드		

표현 확인하기

--- 주요 회화 표현을 확인하며 복습해볼까요? ----

01~05 빈 칸에 들어갈 알맞은 말을 써보세요.

01

¿Hay habitaciones libres _____ _____ ?

오늘밤 빈 방 있나요?

02

¿Hay habitaciones privadas con _____ _____ ?

개인화장실이 딸린 개인룸이 있나요?

03

¿Para _____ _____ ?

몇 명을 위한 것이죠?

04

¿Para _____ _____ ?

며칠 동안 묵을 것이죠?

05

¿Cuál es la _____ de WIFI?

와이파이 비밀번호가 무엇인가요?

정답 ① esta noche ② baño privado ③ cuántas personas ④ cuántos días ⑤ contraseña

핵심 문법 배우기

--- 오늘의 핵심 문법을 공부해볼까요? ----

■ 동사 saber, conocer

saber와 conocer 동사 모두 "알다"라는 뜻의 동사로 보이지만, 의미적인 차이가 존재해요. 동사 saber는 지식을 기반으로 사실이나 방법을 알다 라고 표현할 때 쓰이지만, 동사 conocer는 경험을 통해 사람에 대해 알다(=아는 사이다) 혹은 장소에 (가봐서) 안다 라는 의미로 쓰여요.

saber (지식, 정보 등을) 알다			
yo	sé	nosotros, nosotras	sabemos
tú	sabes	vosotros, vosotras	sabéis
él, ella, usted	sabe	ellos, ellas, ustedes	saben

conocer (경험을 통해) 알다			
yo	conozco	nosotros, nosotras	conocemos
tú	conoces	vosotros, vosotras	conocéis
él, ella, usted	conoce	ellos, ellas, ustedes	conocen

예문)

· Sé dónde está España.   스페인이 어딨는지 나는 안다.
· ¿Sabes quién es Mina?   미나가 누구인지 아니?
· No sabes la verdad.   너는 그 사실을 몰라.
· No sabemos nada *de él.   그에 대하여 우린 전혀 모른다.
* 전치사 de는 ~에 대하여 란 뜻도 있어요.

· Mi padre no conoce *a mi novio.   나의 아버지는 나의 남친을 모른다.
· Yo voy a conocer *a tu hermana mayor.   나는 너의 누나(언니)를 알 예정이야.
* 동사의 목적어로 사람/동물이 올 경우 일반적으로 전치사 a를 붙여줘요.

· Quiero conocer México este verano.   이번 여름 멕시코 가보고 싶어.
· ¿Ya conoces Madrid?   마드리드에 이미 가봤어?(이미 가봐서 잘 알고 있어?)

핵심 문법 확인하기

← - - - 핵심 문법 내용을 확인하며 복습해볼까요? - - - - -

01~05 다음 괄호 안의 어휘 중 알맞은 말을 고르세요.

01

Yo (sé / conozco) dónde está España.

나는 스페인이 어딨는지 알아.

02

¿(Sabes / Conoces) Barcelona?

바르셀로나 가봤어요?

03

Tengo ganas de (saber / conocer) a tu padre.

너의 아버지를 알고 싶어.

04

No (sé /conozco) nada de él .

나는 그에 대해 아무것도 몰라.

05

No (sabemos / conocemos) a él.

우린 그를 알지 못해.(=모르는 사이야.)

정답   ① sé   ② Conoces   ③ conocer   ④ sé   ⑤ conocemos

빠에야 좋아해요?

 오늘 배울 내용 ▷

- gustar 동사를 활용한 표현
- 역구조동사
- 동의의 표현

오늘의 대화에서는 gustar 동사 표현을 배워볼 거예요.
핵심 문법에서는 역구조동사들을 활용한 표현들과 동의의 표현을 익혀보아요.

- 순례길 걷기 챌린지 : 스페인을 대표하는 요리 아무거나 1개 먹기
- 스페인어 친해지기 챌린지 : 스페인어로 "널 좋아해"라고 좋아하는 사람에게 말해보기

📍Camino de Santiago

오늘의 공부 tip

- 대표적인 역구조동사 gustar 동사! 이를 활용해 호감표현을 할 수 있어요!
- 동의의 부사 también, tampoco를 활용한 표현은 회화에서 활용도가 높아요!

A ¿Te gusta tomar café por la mañana?

아침에 커피 마시는 거 좋아해?

B No me gusta. Prefiero tomarlo por la tarde porque tengo sueño a esas horas.

안 좋아해. 오후에 마시는 걸 선호하는데, 그 시간대엔 잠이 오거든.

A Tienes razón.

일리가 있네.

B ¿A ti te gusta tomar café por la mañana?

아침에 커피 마시는 걸 좋아해, 너는?

A Sí. A mí me gusta. ¿Te gusta desayunar? A mí sí.

응. 나는 좋아. 아침 먹는 건 좋아해? 나는 좋아하거든.

B A mí también. Yo desayuno mucho.

나도 좋아해. 나는 아침을 많이 먹거든.

A Yo también, jajaja.

나돈데, 하하하.

≫ **필수 어휘 외우기**

• tomar café   커피를 마시다   • sueño ♂   잠, 졸음

←--- 대화 속 주요 표현을 떠올리며 복습해 볼까요?

01~05 빈 칸에 들어갈 알맞은 말을 써보세요.

01

¿Te _____ tomar café por la mañana?

아침에 커피 마시는 거 좋아해?

02

No me _____ .

안 좋아해.

03

¿A ti _____ gusta tomar café por la mañana?

아침에 커피 마시는 걸 좋아해, 너는?

04

Sí. _____ _____ me gusta.

응. 나는 좋아.

05

¿Te gusta _____ ? A mí sí.

아침 먹는 건 좋아해? 나는 좋아하거든.

정답 ① gusta ② gusta ③ te ④ a mí ⑤ desayunar

상황 속 표현 익히기

←--- 대화 속에서 쓰였던 회화표현을 알아볼까요? ----→

■ 동사 gustar 로 기호묻고 대답하기

영어의 like에 해당되는 동사 gustar로 기호의 표현들을 만들어볼까요? gusta보다 gustaría는 정중한 의미의 표현을 만들거나, 바람과 소망의 의미를 더 담고 있어요.

1) Me gusta(n) _____.   나는 ~가 마음에 들어(좋아).

· Me gusta tomar café.   커피 마시는 걸 좋아해요.
· Me gusta el fútbol.   축구를 좋아해요.
· Me gusta mucho España.   스페인을 정말 좋아해요.
· Me encanta España.   스페인을 정말 좋아해요.

Ⓐ ¿Te gusta la paella?   빠에야 좋아해요?
Ⓑ Me encanta.   정말 좋아해요.

Ⓐ A mí me gusta el café, ¿a ti?   나는 커피를 좋아해. 너는?
Ⓑ A mí también.   나도 좋아해.

2) Me gustaría _____.   나는 ~고 싶어요.

· Me gustaría pedir un vaso de agua, por favor.   물 한 잔 마시고 싶어요. 부탁해요.
· Me gustaría comer pan.   빵을 먹고 싶어요.

Ⓐ ¿Te gustaría comer algo?   뭐 먹고 싶어요?
Ⓑ Sí, me gustaría   네. 좋아요. / Sí, me encantaría.   네. 정말 좋아요.

01~05 빈 칸에 들어갈 알맞은 말을 써보세요.

01

Me gusta _____ _____ .

커피 마시는 걸 좋아해요.

02

Me gusta _____ **España.**

스페인을 정말 좋아해요.

03

¿ _____ **gusta la paella?**

빠에야 좋아해요?

04

Me _____ **pedir un vaso de agua, por favor.**

물 한 잔 마시고 싶어요, 부탁해요.

05

Sí, me _____ .

네, 정말 좋아요.

정답   ① tomar café   ② mucho   ③ Te   ④ gustaría   ⑤ encantaría

🔵 핵심 문법 배우기

──── 오늘의 핵심 문법을 공부해볼까요? ────

1️⃣ 역구조동사 이해하기

역구조동사는 "주어가 ~에게 (동사)하다"라고 해석되는 동사에요. 역구조동사는 자신 앞에 간접목적대명사(~에게)가 반드시 들어가게 돼요.

역구조동사의 구조
(A 전치격인칭대명사/목적어) + **간접목적대명사** + **역구조동사** + (주어)
(A mí) Me gusta tomar café. (직역) 커피 마시는 것은 나에게 호감을 준다. **(의역) *나는 커피 마시는 것을 좋아한다.**

* 역구조동사를 우리말로 직역할 때, 다소 어색한 의미의 문장이 돼요. 따라서 동사 앞 목적어를 마치 "주어"처럼, 주어를 마치 "목적어"처럼 해석하면 우리말에서 자연스럽게 들릴 거예요. 이러한 이유로 이런 구조의 동사들을 "역구조동사(우리말로 의역시 주어와 목적어의 뜻이 뒤바뀌게 되기에)"라고 부르는 것이죠.

2️⃣ 자주 쓰이는 역구조동사들

1) gustar (주어)가 ~에게 호감을 주다

· Me gustas tú. 나는 너를 좋아해.
· Te gusto yo. 너는 나를 좋아해.
· Te gusta jugar al fútbol. 너는 축구를 좋아해.
· A él le gusta cocinar. 그는 요리를 좋아해.
· No me gustan los animales. 나는 동물들을 좋아하지 않아.
· **A mí no me gustan los animales. 나는 말야, 동물들을 좋아하지 않아.

** 간접목적어 앞에 전치사 「a + 전치격인칭대명사/목적어」 가 오는 것은 문장의 의미를 강조하거나 의미를 구체화할 때 쓰게 돼요.

2) ***encantar (주어)가 ~에게 기쁨을 주다

*** gustar 동사보다 더 좋을 때 쓰게 돼요.

· Me encanta ver las películas. 영화보는 걸 나는 정말 좋아해.
· A ti te encanta viajar. 너는 말야, 여행하는 걸 정말 좋아하잖아.

3) ****costar (주어)가 ~에게 어려움을 주다

**** costar 동사가 일반동사로 쓰이면 비용이 들다라고 쓰이지만, 역구조동사로 쓰이면 ~에게 어려움을 주다 라는 의미로 쓰여요.

· Me cuesta hablar en inglés. 영어로 말하는 것은 힘들어.
· ¿Cuanto cuesta? 얼마에요? (일반동사)

4. **doler** (주어)가 ~에게 아픔을 주다

🅐 ¿Te duele la cabeza? 머리 아프니?
🅑 Sí, me duele mucho. 응, 많이 아프네.

핵심 문법 확인하기

· – – 핵심 문법 내용을 확인하며 복습해볼까요? - - -

01~03 빈칸에 들어갈 알맞은 말을 고르세요.

01 **A mí _____ gustas tú.**

나는 너를 좋아해.

a) me　　　　b) te　　　　c) le　　　　d) nos

02 **No nos _____ los gatos.**

우린 고양이를 좋아하지 않아.

a) gusto　　　b) gustas　　　c) gustan　　　d) gustamos

03 **¿Te _____ la cabeza?**

머리 아프니?

a) duelo　　　b) duele　　　c) dueles　　　d) duelen

04~05 아래 단어를 조합하여 문장을 만드세요.

04 **encanta / las / ver / películas / me**

영화보는 걸 나는 정말 좋아해.

_____

05 **mí / me / no / gustan / animales / los / a**

나는 동물들을 좋아하지 않아.

_____

정답　　①a　②c　③b　④ Me encanta ver las películas.　⑤ A mí no me gustan los animales.

핵심 문법 배우기

----- 오늘의 핵심 문법을 공부해볼까요? -----

③ 동의표현하기

también은 긍정동의의 표현으로 "나도 그래"란 의미로 쓰이지만 tampoco는 부정동의의 표현으로 "나도 그렇지 않아"란 의미로 쓰여요.

긍정동의 también	부정동의 tampoco
① 일반동사일 때 Ⓐ Quiero un café negro. ¿Tú también? 아메리카노 한 잔이 마시고 싶어. 너도? Ⓑ (Sí) Yo también. 응, 나도.	① 일반동사일 때 Ⓐ **No** quiero un café negro. ¿Tú tampoco? 아메리카노 마시고 싶지 않아. 너도 아니야? Ⓑ (No) Yo tampoco. 응, 나도 아니야.
② 역구조동사일 때 Ⓐ Me gusta el café frío. ¿A ti también? 아이스커피가 좋아. 너도? Ⓑ (Sí) A mí también. 응, 나도 좋아.	② 역구조동사일 때 Ⓐ No me gusta el café frío. ¿A ti tampoco? 아이스커피가 싫어. 너도? Ⓑ (No) A mí tampoco. 응, 나도 싫어.

핵심 문법 확인하기

←--- 핵심 문법 내용을 확인하며 복습해볼까요? ----

01~05 빈 칸에 들어갈 알맞은 말을 써보세요.

01 Ⓐ Quiero comer una pizza. 피자 한 판이 먹고 싶어.

Ⓑ Yo _____ . 응, 나도.

02 Ⓐ A mí me gusta mucho el café caliente. 나는 뜨거운 커피를 정말 좋아해.

Ⓑ ____ _____ _____ . 나도 좋아해.

03 Ⓐ No voy a ir a España este verano. 이번 여름 스페인으로 가지 않을 예정이야.

Ⓑ Yo _____ . 응, 나도 안 갈거야.

04 Ⓐ No me gusta viajar en invierno. 겨울에 여행하는 것을 좋아하지 않아.

Ⓑ ____ _____ _____ . 응, 나도 좋아하지 않아.

05 Ⓐ Me gusta jugar al fútbol. ¿A ti? 나는 축구하는 것을 좋아하는데, 너는?

Ⓑ ____ _____ _____ . 나도 좋아해.

정답 　① también　② A mí también　③ tampoco　④ A mí tampoco　⑤ A mí también

인스타 계정이 뭐에요?

오늘의 대화에서는 연락처 묻는 표현들을 배워볼 거예요.
핵심 문법에서는 과거분사를 이해하고 이를 활용한 표현들을 익혀보아요.

- ✓ 순례길 걷기 챌린지 : 2시간 이상 걷기 나들이 가기
- ✓ 스페인어 친해지기 챌린지 : 스페인어권 유튜버 채널들 찾아보기

📍 Camino de Santiago

오늘의 공부 tip

- 여행길에서 친구 사귈 때 가장 중요한 질문인 연락처 묻기 표현을 배워 보아요!
- 과거분사는 형용사, 동사, 명사 등 그 쓰임이 다양해서 스페인어 어휘 확장에 도움을 줘요!

대화 속에 들어가기

●--- 대화 속의 인물이 되어 오늘의 회화표현을 배워볼까요? ---

Ⓐ ¡Buen día!

안녕!

Ⓑ ¡Hola! ¿Qué estás haciendo aquí?

안녕! 여기서 뭐하는 중이야?

Ⓐ Estoy escribiendo una carta para mandarles a mis padres.

우리 부모님께 보낼 편지 한 통을 쓰고 있는 중이야.

Ⓑ ¡Qué bien! Y estas fotos son tuyas, ¿no?

좋네! 그리고 이 사진들은 너의 것이지, 그지?

Ⓐ Sí, son tomadas por mí.

응, 내가 찍은 것들이야.

Ⓑ ¡Qué talento tienes! ¿Tú tienes Instagram?

재능있네! 인스타그램 있어?

Ⓐ Claro. Mi cuenta es *@soyfotografocoreano.

당연하지. 내 계정은 soyfotografocoreano 야.

* @는 arroba♀ 라 읽어요.

Ⓑ Te voy a agregar. Gracias.

널 추가할게. 고마워.

≫ **필수 어휘 외우기** ─────────

• talento ♂	재능	• cuenta ♀	계정 / 계산서	• agregar	추가하다

대화 확인하기

←--- 대화 속 주요 표현을 떠올리며 복습해 볼까요?

01~05 빈 칸에 들어갈 알맞은 말을 써보세요.

01

¿Qué estás _____ aquí?

여기서 뭐하는 중이야?

02

Estoy _____ una carta.

한 통의 편지를 쓰는 중이야.

03

¿Estas fotos son _____ ?

이 사진들은 너의 것이지?

04

¿Tú _____ Instagram?

인스타그램 있어?

05

Te voy a _____ .

너를 (인스타에) 추가할게.

정답   ① haciendo   ② escribiendo   ③ tuyas   ④ tienes   ⑤ agregar

상황 속 표현 익히기

■ 연락처 묻고 답하기

다양한 연락처를 묻고 질문에 답하는 연습을 해볼까요?

¿Me **puedes dar** tu contacto?	내게 너의 연락처를 줄 수 있어?
¿Me **das** tu contacto?	너의 연락처를 내게 **주겠어**?
¿Te **puedo dar** mi contacto?	너에게 나의 연락처를 **줘도 될까**?
¿Te **doy** mi contacto?	너에게 내 연락처를 **줄까**?
¿**Por qué no** intercambiamos nuestros contactos?	우리 연락처를 교환**하지 않을래요**?
¿**Cuál es** tu correo electrónico?	이메일이 **뭐야**?
¿**Cuál es** tu cuenta de Instagram?	인스타계정이 **뭐야**?
¿**Cuál es** tu número de teléfono?	전화번호가 **뭐야**?
¿Me **das** tu número de teléfono?	내게 너의 전화번호를 **줄래**?
¿**Tienes** Whatsapp?	왓츠앱 **갖고 있어**?
¿**Estás** en Whatsapp?	왓츠앱에 **있어**?
¡Sigamos **en contacto**!	계속해서 **연락하고** 지내자!

01~05 빈 칸에 들어갈 알맞은 말을 써보세요.

01

¿Me puedes _____ tu contacto?

너의 연락처를 내게 줄 수 있어?

02

¿ _____ doy mi contacto?

너에게 나의 연락처를 줄까?

03

¿Por qué no _____ nuestros contactos?

우리 연락처를 교환하지 않을래요?

04

¿Cuál es tu _____ _____ ?

이메일이 뭐야?

05

¡ _____ en contacto!

계속해서 연락하고 지내자!

정답 ① dar ② Te ③ intercambiamos ④ correo electrónico ⑤ Sigamos

핵심 문법 배우기

●--- 오늘의 핵심 문법을 공부해볼까요? ----

■ 과거분사

과거분사는 영어의 pp형이에요. 종료, 완료된 동작과 행위를 나타낼 때 써요.

Ar 동사	Er, Ir 동사
ar → ado	**er, ir → ido**
hablar(말하다) → habl**ado** mirar(보다) → mir**ado** tomar (잡다, 마시다) → tom**ado** comprar(사다) → compr**ado**	comer(먹다) → com**ido** aprender(배우다) → aprend**ido** vivir(살다) → viv**ido**
불규칙 변화 동사들	
hacer(하다, 만들다) → **hecho** poner (놓다) → **puesto** escribir (쓰다) → **escrito** ver (보다) → **visto**	abrir (열다) → **abierto** decir (말하다) → **dicho** freír (튀기다) → **frito**

과거분사를 활용한 구문들이에요. 우선 형용사적 역할만 이해해도 좋아요!

형용사적 역할	명사적 역할
Hay una paella recién **hecha** en la cocina. 부엌에 방금 요리된 빠에야 하나가 있어. La tienda está **abierta**. 가게는 열려있어. Este libro es **escrito** por un francés. 이 책은 한 프랑스인에 의해 쓰여졌어. Me gusta la patata **frita**. 감자튀김을 좋아해.	el puesto : (길거리) 가게, 직위 el dicho : 격언, 속담 el hecho : 사실
동사적 역할	
완료시제를 만드는 haber 동사 뒤에 와서 완료시제동사를 만들 수 있어요. Yo he hablado con Miguel hace poco. 방금 전에 미겔과 나는 이야기했어. Ha llovido mucho. (방금) 비가 많이 왔어.	

핵심 문법 확인하기

← - - 핵심 문법 내용을 확인하며 복습해볼까요? - - - -

01~04 다음 동사의 과거분사를 적어보세요.

01 hablar ➡ _____

02 comer ➡ _____

03 hacer ➡ _____

04 freír ➡ _____

05 다음 빈칸에 알맞은 말을 고르세요.

La tienda está _____ .

가게는 열려있어.

a) cerrado   b) abierta   c) abierto   d) frita

┌───┐
│ 정답 ① hablado   ② comido   ③ hecho   ④ frito   ⑤ b │
└───┘

3코스 📍 부르고스에서 아스토르가까지 완주!

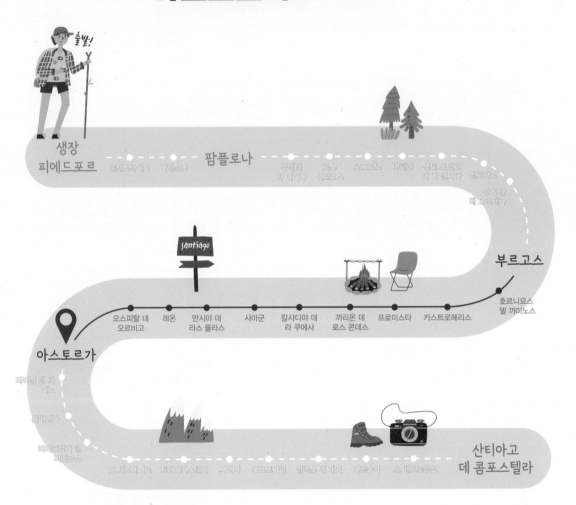

생장
피에드포르   론세스바예스 파타로나   팜플로나   푸엔테   요소   로그로뇨 나헤라   산토 도밍고   벨로라도
                                          라 레이나 아르코스   데 라 칼사다

                                                                                              산후안
                                                                                              데 오르테가

부르고스

호르니요스
델 까미노스

오스피탈 데   레온   만시야 데   사군   칼사디야 데   까리온 데   프로미스타   카스트로헤리스
오르비고   라스 물라스   라 쿠에사   로스 콘데스

아스토르가

라바날 델 까
미노

폰페라다

비야프랑카 델
비에르소

오 세브레이로   트리아카스텔라   사리아   포르토마린   팔라스 데 레이   아르수아   오 페드로우소

산티아고
데 콤포스텔라

💬 응원메세지

¡Vamos! 가자! 코인시장의 은어에서 파생된 "가즈아!"란 표현이 이젠 전국민들의 "화이팅!"같은 일반적인 표현이 된 바 있죠? 스페인어에도 비슷한 표현이 있습니다. "가자!", "렛츠고"의 격으로 ¡Vamos!라고 많이 외치는 걸 특히 축구경기에서 많이 들을 수 있습니다. 3번째 코스의 수업은 어떠셨나요? 우리 모두에게 ¡Vamos!를 외치며 힘든 순례길 마지막 고지로 달려가 봅시다! 스페인어 왕초보 탈출이 얼마 안 남았다구요!

📍 낮잠문화가 스페인사람들에게 끼치는 영향은 뭘까?

점심 식사 후 짧게는 20분, 길게는 2시간 가량 취하는 낮잠을 스페인어에선 Siesta(시에스타)라고 불러요. 스페인 뿐만 아니라 그리스, 이탈리아 그리고 중남미 여러 국가들에서 받아들여지는 생활 습관 중 하나에요. 낮 동안의 무더운 '더위'를 피하기 위한 하나의 생존 방법이었던 Siesta는 라틴어에서 유래되어, 해가 뜬 시점으로부터 '6번째 시간', 즉 정오 무렵을 가르키는 말이었기에, 엄격하게 말하자면 정오 무렵에 자는 낮잠을 Siesta라고 부르는 것이 정확할 텐데요.

하지만 실제로 Siesta는 오후 2시 무렵 점심시간이 끝나는 이후에 이뤄지는 것이 일반적이에요. 때문에 은행 혹은 관공서의 서비스 시간이 우리나라와는 다르게 운영되는 곳이 많습니다. 따라서 스페인어권 국가로 여행 시, 반드시 체크해야 될 사항 중 하나가 Siesta 시간이에요. 예를 들어, Siesta가 시작되는 오후 2시까지만 운영되는 장소들도 많으며, Siesta가 끝나는 4시~5시 사이에 다시 문을 여는 곳도 많습니다.

CARNET DE PÈLERIN DE SAINT-JACQUES

"Credencial del Peregrino"

Teminé el camino
de Saint Jean Pied de Port a Pamplona.

Teminé el camino
de Pamplona a Burgos.

Teminé el camino
de Burgos a Astorga.

Teminé el camino
de Astorga a Santiago de Compostela.

Saint Jean Pied de Port ○ - - - - - - - - - - - - - - - ○
Pamplona

○
Burgos

Astorga —————— 👣 —————— ⛪ Camino de Santiago

스물두 번째 발걸음

와인 한 잔 할래요?

오늘 배울 내용
- 초대와 관련된 표현
- 동사 dar, ver, oír, oler

오늘의 대화에서는 초대와 관련된 표현들을 배워볼 거예요.
핵심 문법에서는 현재형 불규칙 동사 dar, ver, oír, oler에 대해 배워보기로 해요.

오늘의 챌린지

- ☑ 순례길 걷기 챌린지 : 순례길을 걸으며 듣고 싶은 플레이리스트 작성해보기
- ☑ 스페인어 친해지기 챌린지 : 스페인어로 쓰여진 긴 글 무작정 소리내어 읽어보기

📍Camino de Santiago

오늘의 공부 tip

- 여행에서 친구를 만들었다구요? 그 친구를 오늘 배우는 회화 표현들을 통해 식사자리에 초대해보세요!

🔵 대화 속에 들어가기

--- 대화 속의 인물이 되어 오늘의 회화표현을 배워볼까요? ---

Ⓐ ¿Dígame?

여보세요?

Ⓑ Mina, soy Berto. ¿Qué haces?

미나야, 나 베르또야. 뭐 해?

Ⓐ Veo la tele. ¿Qué pasa?

TV 봐. 무슨 일이야?

Ⓑ ¿Estás libre esta noche? Me gustaría invitarte a una copa de vino.

응, 오늘 밤에 자유로워? 너에게 와인 한 잔 사고 싶은데.

Ⓐ Me gustaría. Pero tengo exámenes la próxima semana.

가고 싶은데. 하지만 다음주에 시험이 있어.

Ⓑ ¡Qué mal! ¿El fin de semana que viene también?

저런! 다음주 주말에도?

Ⓐ No. No tengo nada que hacer ese fin de semana.

아니지, 그 주말엔 아무것도 할 게 없어.

Ⓑ Entonces, ¡vamos a salir!

그럼, 놀러나가자!

Ⓐ Vale.

오케이.

≫ 필수 어휘 외우기

• Dígame	여보세요 / 제게 말씀하세요	• copa ♀	컵	• vino ♂	와인
• examen ♂	시험	• próximo/a	다음의	• entonces	그럼, 즉
• salir	~와 놀러나가다	• el fin de semana que viene ♂	돌아오는 주말		

대화 확인하기

대화 속 주요 표현을 떠올리며 복습해 볼까요?

01~05 빈 칸에 들어갈 알맞은 말을 써보세요.

01

¿_____?

여보세요?

02

¿Estás _____ esta noche?

오늘 밤에 자유로워?

03

Me _____ invitarte a una copa de vino.

네게 와인 한 잔 초대하고 싶은데.

04

No tengo _____ que hacer ese fin de semana.

그 주말엔 아무것도 할 게 없어.

05

¡Vamos a _____!

나와 놀러가자!

정답　① Dígame　② libre　③ gustaría　④ nada　⑤ salir

231

상황 속 표현 익히기

----- 대화 속에서 쓰였던 회화표현을 알아볼까요? -----

■ 초대와 관련된 표현

상대방을 약속에 초대하고 싶을 때 쓰는 표현들이에요.

¿Tienes tiempo esta noche?	오늘 저녁에 **시간있어?**
¿Estás libre esta noche?	오늘 저녁에 **자유롭니?**
¿Tienes algún plan esta noche?	오늘 저녁에 **어떤 계획 있어?**
Me gustaría invitarte a cenar esta noche.	오늘 저녁식사에 **초대하고 싶어서요.**
Me gustaría invitarte a una copa de vino.	너에게 와인 한 잔 **사주려고 해요.**
¿Te gustaría venir en mi casa a cenar esta noche?	오늘 저녁에 우리 집에 저녁먹으러 **올래?**
¿Te gustaría desayunar conmigo mañana?	내일 나와 함께 **아침 먹을래?**
¿Te gustaría caminar conmigo mañana?	내일 나와 함께 **걸을래?**
¿Quieres caminar conmigo mañana?	내일 나와 **함께 걸을래?**

01~05 빈 칸에 들어갈 알맞은 말을 써보세요.

01

¿Tienes _____ esta noche?

오늘 저녁에 시간있어?

02

¿Tienes _____ plan esta noche?

오늘 저녁에 어떤 계획 있어?

03

Me gustaría invitarte a _____ esta noche.

오늘 저녁식사에 초대하고 싶어서요.

04

¿Te gustaría _____ conmigo?

내일 나와 함께 아침 먹을래?

05

¿Quieres _____ conmigo mañana?

내일 나와 함께 걸을래?

정답 ① tiempo ② algún ③ cenar ④ desayunar ⑤ caminar

핵심 문법 배우기

- - - 오늘의 핵심 문법을 공부해볼까요? - - - -

1 동사 dar, ver

불규칙변화하는 주요 동사 중 dar, ver를 배워보기로 해요.

dar 주다			
yo	doy	nosotros, nosotras	damos
tú	das	vosotros, vosotras	dais
él, ella, usted	da	ellos, ellas, ustedes	dan

ver 보다(see)			
yo	veo	nosotros, nosotras	vemos
tú	ves	vosotros, vosotras	veis
él, ella, usted	ve	ellos, ellas, ustedes	ven

예문)

· Te doy mi libro. 너에게 내 책을 줄게.
· Mi padre me da su coche. 내 아버지는 내게 그의 차를 준다.
· Me *da hambre. 나를 배고프게 해.
· Te *da miedo la película. 그 영화가 너에게 공포심을 준다.
*dar 동사는 사역동사로서 쓰일 수 있어요.

· Veo muchas películas y series en Netflix. 나는 넷플릭스에서 많은 영화와 시리즈를 봐.
· ¿Cuántas veces a la semana ves película? 너는 일주일에 몇 번 영화를 보니?
· ¿Cuándo van a verme ustedes? 당신들은 나를 언제 보러 올 것입니까?
· ¿Vosotros queréis ver a mi perro? 너희들은 나의 개를 보고 싶니?

01~04 빈칸에 들어갈 알맞은 말을 고르세요.

01 Te _____ mi libro.

너에게 내 책을 줄게.

a) doy   b) das   c) da   d) dan

02 Mi padre me _____ su coche.

내 아버지는 내게 그의 차를 준다.

a) doy   b) das   c) da   d) dan

03 _____ muchas películas y series en Netflix.

나는 넷플릭스에서 많은 영화와 시리즈를 봐.

a) Veo   b) Ves   c) Ve   d) Ven

04 ¿Cuántas veces a la semana _____ película?

너는 일주일에 몇 번 영화를 보니?

a) veo   b) ves   c) ve   d) ven

05 빈칸에 들어갈 말을 쓰세요..

¿Vosotros _____ _____ a mi perro?

너희들은 나의 개를 보고 싶니?

정답 ① a   ② c   ③ a   ④ b   ⑤ queréis ver

핵심 문법 배우기

오늘의 핵심 문법을 공부해볼까요?

2 동사 oír, oler

불규칙변화하는 주요 동사 중 oír, oler를 배워보기로 해요.

oír 듣다(hear)			
yo	oigo	nosotros, nosotras	oímos
tú	oyes	vosotros, vosotras	oís
él, ella, usted	oye	ellos, ellas, ustedes	oyen

oler 냄새맡다			
yo	huelo	nosotros, nosotras	olemos
tú	hueles	vosotros, vosotras	oléis
él, ella, usted	huele	ellos, ellas, ustedes	huelen

예문)

· Estos días oigo mucho tus noticias.　요즘 나는 너의 소식을 많이 들어.
· ¡Oye! 얘(저기!)
· Las paredes oyen.　벽들은 듣는다(밤말은 쥐가 듣고 낮말은 새가 듣는다).

· Este café huele a chocolate.　이 커피는 초콜릿향이 난다.
· Tus zapatos huelen a queso.　너의 신발은 치즈 냄새가 난다.
· ¡Huele rico! 맛있는 냄새가 나!
· ¡Huele mal! 나쁜 냄새가 나!

핵심 문법 내용을 확인하며 복습해볼까요?

01~04 빈칸에 들어갈 알맞은 말을 고르세요.

01　**Estos días** _____ **mucho tus noticias.**

요즘 나는 너의 소식을 많이 들어.

a) oigo　　　　b) oyes　　　　c) oye　　　　d) oyen

02　**Las paredes** _____ **.**

벽들은 듣는다(밤말은 쥐가 듣고 낮말은 새가 듣는다).

a) oigo　　　　b) oyes　　　　c) oye　　　　d) oyen

03　**Este café** _____ **a chocolate.**

이 커피는 초콜릿향이 난다.

a) huelo　　　　b) hueles　　　　c) huele　　　　d) huelen

01~04 빈칸에 들어갈 알맞은 말을 써보세요.

04

¡ _____ _____ !

맛있는 냄새가 나!

05

¡ _____ _____ !

나쁜 냄새가 나!

정답　① a　　② d　　③ c　　④ Huele rico　　⑤ Huele mal

스물세 번째 발걸음

영어로 된 메뉴가 있나요?

오늘의 대화에서는 식당에서 쓸 수 있는 표현을 배워볼게요.
핵심 문법에서는 기간표현과 서수표현을 배워보기로 해요.

☑ 순례길 걷기 챌린지 : 식당에서 쓸 수 있는 표현 4개 암기하기

☑ 스페인어 친해지기 챌린지 : 아는 단어 무작정 20개 이상 써보기

📍 Camino de Santiago

오늘의 공부 tip ▶

• 순례자들에게 식사는 정말 중요하죠! 식당에서 쓸 수 있는 유용한 표현들을 배워 여행길에 꼭 사용하세요!

• 경험에 대해 말하고자 할 때 널리 쓰이는 표현을 알아두고, 대화 상황에서 써보세요.

대화 속에 들어가기

대화 속의 인물이 되어 오늘의 회화표현을 배워볼까요?

A **¡Camarero! La carta, por favor.**

웨이터님! 메뉴판 부탁해요.

B **¡Por supuesto! Aquí tiene el menú.**

당연하죠! 여기 메뉴가 있습니다.

A **¡Gracias!**

고마워요!

B **¡De nada, señorita!**

천만에요, 숙녀분!

A **Tú, ¿qué vas a comer?**

넌 뭘 먹을 거야?

C **De primero, quiero una sopa de verduras.**

에피타이저로는 채소가 들어간 스프를 먹으려고.

A **¿Y tú, Berto?**

베르또 너는?

D **Voy a comer un plato sencillo. Pero no entiendo bien las letras. ¡Perdón! ¿Tiene una carta en inglés?**

나는 간단한 요리 하나를 먹을 예정이야. 근데 글자가 이해가 안되네. 죄송합니다! 영어로 된 메뉴판 있을까요?

B **Claro, aquí la tiene.**

당연하죠, 여기 있어요.

》 필수 어휘 외우기

• camarero	웨이터	• carta	메뉴판 / 편지	• señorita	숙녀
• plato	접시 / 음식	• sencillo	간단한	• entender	이해하다
• letra	글자	• De primero	에피타이저로는(첫번째 코스로는)		

01~05 빈 칸에 들어갈 알맞은 말을 써보세요.

01

¡Camarero! _____ _____ , por favor.

웨이터님! 메뉴판 부탁해요!

02

Aquí _____ el menú.

여기 메뉴가 있습니다.

03

¿Qué _____ _____ _____ ?

뭘 먹을거야?

04

Voy a comer un plato _____ .

간단한 요리 하나를 먹을 예정이야.

05

¿Tienes una carta _____ _____ ?

영어로 된 메뉴판 있을까요?

정답 ① la carta   ② tiene   ③ vas a comer   ④ sencillo   ⑤ en inglés

상황 속 표현 익히기

●--- 대화 속에서 쓰였던 회화표현을 알아볼까요? ----

■ 식당에서 쓸 수 있는 표현

식당에서 쓸 수 있는 표현들을 모아 보았어요.

종업원	손님
¿Cuántos sois? 몇 명이세요?	La **carta**, por favor. 메뉴판 주세요.
¿Qué le **doy**? 무엇을 드릴까요?	¿Tiene **una carta en inglés**? 영어로 된 메뉴판 있나요?
¿Para **tomar**? 마실 것은요?	Para mí, una paella, **por favor**. 저는 빠에야 하나 **부탁해요**.
¿Agua con **gas** o sin **gas**? 탄산수 아니면 미네랄 물이요?	**Menos sal**, por favor. 소금 덜 넣어주세요.
¿Con **tarjeta** o en **efectivo**? 카드로요 아니면 **현금**으로요?	La **cuenta**, por favor. 계산서 주세요.

a la carta	단품요리	plato fuerte	본식
menú de peregrino	순례자메뉴	segundo plato	
menú para peregrinos		postre	디저트
menú del día	오늘의 요리	tercer plato	
entrada	에피타이저	carta	메뉴
primer plato		cuenta	계산서

242

01~05 빈 칸에 들어갈 알맞은 말을 써보세요.

01

¿ _____ sois?

몇 명이세요?

02

¿Para _____ ?

마실 것은요?

03

¿Agua _____ gas o _____ gas?

탄산수 아니면 미네랄 물이요?

04

_____ sal, por favor.

소금 덜 넣어주세요.

05

¿Con tarjeta o _____ _____ ?

카드로요 아니면 현금으로요?

정답   ① Cuántos   ② tomar   ③ con, sin   ④ Menos   ⑤ en efectivo

핵심 문법 배우기

오늘의 핵심 문법을 공부해볼까요?

1 기간 표현 만들기

이번 발걸음에서는 '~동안 ...했다' 라는 기간표현을 만들어보아요.

1. De A a B (= desde A hasta B) A부터 B까지

· Tenemos una clase hoy de 3 a 5. 오늘 3시부터 5까지 수업 하나가 있어.
· Voy a viajar desde Madrid hasta Santiago. 나는 마드리드부터 산티아고까지 여행할 계획이야.

2. durante ~동안

· Vamos a recorrer por la ciudad durante el verano. 우리 여름동안 도시 전역을 돌아다니자.

3. llevar + 기간 + 형용사 / 부사 / 현재분사 / 과거분사 ~한 지 ...되다

Ⓐ ¿Cuánto tiempo llevas viviendo en Madrid? 너는 마드리드에 산 지 얼마나 됐어?
Ⓑ Llevo un año viviendo aquí. 여기 산 지 일 년 됐어.

Ⓐ ¿Cuánto tiempo llevan estudiando español? 스페인어 공부한 지 얼마나 됐어?
Ⓑ Casi llevamos diez años. 거의 10년 됐어.

4. hace + 기간 + que 문장 ~한 지 ...되다

Ⓐ ¿Hace cuánto tiempo que vives en Madrid? 너는 마드리드에 산 지 얼마나 됐어?
Ⓑ Hace un año que vivo aquí. 여기 산 지 일 년 됐어.

5. desde hace 기간 문장 ~한 지 ...되다

Ⓐ ¿Desde hace cuánto vives aquí? 너는 여기 산 지 얼마나 됐어?
Ⓑ Desde hace un año. 일 년 전부터요.

핵심 문법 확인하기

← - - - 핵심 문법 내용을 확인하며 복습해볼까요? - - - - →

01~05 빈 칸에 들어갈 알맞은 말을 써보세요.

01

Tenemos una clase hoy _____ 3 _____ 5.

우린 오늘 3시부터 5까지 수업 하나가 있어.

02

Voy a viajar _____ Madrid _____ Santiago.

마드리드부터 산티아고까지 여행할 계획이야.

03

¿Cuánto tiempo _____ _____ en Madrid?

너는 마드리드에 산 지 얼마나 됐어?

04

¿ _____ cuánto tiempo que vives en Madrid?

너는 마드리드에 산 지 얼마나 됐어?

05

¿ _____ _____ cuánto vives aquí?

너는 여기 산 지 얼마나 됐어?

정답 ① de, a ② de, a / desde, hasta ③ llevas viviendo ④ Hace ⑤ Desde hace

245

핵심 문법 배우기

오늘의 핵심 문법을 공부해볼까요?

2 서수표현

스페인의 서수표현은 아래와 같아요.

1	primero, primera	6	sexto, sexta
2	segundo, segunda	7	séptimo, séptima
3	tercero, tercera	8	octavo, octava
4	cuarto, cuarta	9	noveno, novena
5	quinto, quinta	10	décimo, décima

명사 앞에 위치하며 명사에 성과 수를 일치시켜요.

· Mi *primer libro está en la biblioteca.   나의 첫번째 책은 도서관에 있어.
· Hoy es el *tercer día.   오늘은 세번째 날이야.
*primero, tercero는 남성단수명사 앞에서 o가 탈락되는 점 주의해주세요!

· Para el primer plato, quiero una sopa de marisco.   에피타이저로는 해산물 스프 하나 원해요.
· Vivo en el octavo piso.   저는 8층에 살아요.

남자단수형을 단독으로 쓰면 부사로도 쓸 수 있어요.

· Primero, no me gusta mucho la paella.   첫번째로는 난 빠에야를 많이 좋아하지 않아.
· Segundo, no tengo ganas de comer.   두번째로는 나는 먹고 싶은 마음이 없어.

핵심 문법 확인하기

←--- 핵심 문법 내용을 확인하며 복습해볼까요? ----

01~05 빈 칸에 들어갈 알맞은 말을 써보세요.

01

el _____ día

첫번째 날

02

la _____ habitación

네번째 방

03

el _____ piso

7층

04

la _____ mano

네번째 손

05

la _____ chica

열번째 소녀

정답 ① primer   ② cuarta   ③ séptimo   ④ cuarta   ⑤ décima

스물네 번째 발걸음

가족이 몇 명이에요?

오늘 배울 내용 ▶

- 가족소개와 관련된 표현
- 많이 쓰이는 접속사

오늘의 대화에서는 가족소개와 관련된 표현을 배워볼게요.
핵심 문법에서는 많이 쓰이는 접속사들을 배워보아요.

📍Camino de Santiago

오늘의 공부 tip ▸ • 가족소개와 관련된 표현을 하려면 가족관련 어휘들을 먼저 암기해야겠죠?

• 문장과 문장을 연결하는 접속사를 통해 문장의 길이를 늘려볼까요?

Ⓐ **¿Tú tienes hermanos?**

형제(나 자매)가 있어?

Ⓑ **Sí, tengo dos. Un hermano mayor y una hermana menor.**

응, 두 명 있어. 한 명은 형이고, 다른 한 명은 여동생이야.

Ⓐ **¿Vives con tu familia en Seúl?**

서울에서 가족들과 함께 살아?

Ⓑ **Sí, vivo con ellos. De hecho, vivo con mis padres, mis abuelos, mis hermanos y un gatito.**

응, 그들과 살지. 사실, 우리 부모님, 할머니, 할아버지, 형, 여동생 그리고 한 마리의 고양이랑 살아.

Ⓐ **¡Una familia grande!**

대가족이네!

Ⓑ **Sí, lo es. ¿Y tú?**

응, 맞아. 너는?

Ⓐ **Soy hija única y vivo sola.**

나는 외동딸이고 혼자 살아.

≫ **필수 어휘 외우기** ───

• hermano ♂	남자형제	• hermana ♀	여자형제	• mayor	연상의
• menor	연하의	• padres	부모님	• abuelo ♂	할아버지
• abuela ♀	할머니	• gatito ♂	작고 귀여운 고양이	• única	유일한
• solo/a	혼자서				

01~05 빈 칸에 들어갈 알맞은 말을 써보세요.

01

¿Tú tienes _____ **?**

형제(나 자매) 가 있어?

02

Uno es hermano _____ **.**

한 명은 형이야.

03

¿Vives _____ **tu familia en Seúl?**

서울에서 가족들과 함께 살아?

04

Vivo con mis padres y mis _____ **.**

부모님과 할머니, 할아버지와 함께 살아.

05

¡Una familia _____ **!**

대가족이네!

정답   ① hermanos, hermanas   ② mayor   ③ con   ④ abuelos   ⑤ grande

상황 속 표현 익히기

● --- 대화 속에서 쓰였던 회화표현을 알아볼까요? ----

■ 가족소개와 관련된 표현

상대방에게 가족을 소개하고 싶을 때 쓰는 표현들이에요.

질문하기	대답하기
¿Cuántas personas hay en tu familia? 너의 가족은 **몇 명이에요**?	Somos 5. 5명이에요.
¿Quiénes son? **누구누구**인데요?	Mis padres, mis hermanos y yo. 우리 부모님과 형제들 그리고 저예요.
¿Mayor que tú o **menor** que tú? 너보다 **연상**이야, **연하**야?	Tengo **un hermano mayor y una hermana menor.** 형과 여동생 한 명이 있어요.
¿Cuántos años tiene tu hermano? 너의 형제는 **몇 살**이에요?	**Mi hermano tiene** 28 años. 내 형제는 28살이에요.
¿Qué hace tu hermano? 너의 형제 **뭐해요**?	**Mi hermano es** ingeniero. 내 형제는 엔지니어에요.
¿Vives con ellos? 그들과 **함께 살아요**?	No, vivo **solo.** 아니요, 저는 **혼자** 살아요.
¿Vives juntos? **함께 살아요**?	Sí, vivo **con mi familia.** 네, **가족과 함께** 살아요.
¿Dónde viven ellos? 그들은 **어디 살아요**?	Ellos viven **en otra ciudad.** 그들은 **다른 도시**에 살아요.

padre, madre	아버지, 어머니	primo, prima	사촌
papá, mamá	아빠, 엄마	abuelo, abuela	할아버지, 할머니
padres	부모님	nieto, nieta	손주
hijo, hija	아들, 딸	sobrino, sobrina	조카
hermano, hermana	남형제, 여형제	suegro, suegra	시댁, 친정 부모님
hermano/a mayor	형, 오빠, 누나, 언니	yerno	사위
hermano/a menor	남동생, 여동생	nuera	며느리
tío, tía	삼촌, 고모, 이모, 이모부		

`01~05` 빈 칸에 들어갈 알맞은 말을 써보세요.

01

¿_____ _____ hay en tu familia?

너의 가족은 몇 명이에요?

02

¿_____ _____ ?

누구누구인데요?

03

¿_____ que tú o _____ que tú?

너보다 연상이야, 연하야?

04

¿Vives _____ ?

함께 살아요?

05

Vivo _____ .

저는 혼자 살아요.

정답 ① Cuántas personas ② Quiénes son ③ Mayor, menor ④ juntos ⑤ solo, sola

핵심 문법 배우기

●--- 오늘의 핵심 문법을 공부해볼까요? - - - - -

■ 문장과 문장을 연결해주는 접속사 모음

기본적인 접속사들만 알아도 긴 문장을 만들 수 있어요!

1) Y 그리고

· Tengo un lápiz y un libro. 연필 한 자루와 책 한 권을 갖고 있어.

· Tengo treinta y un años. 나는 서른 한 살이야.

· Este año voy a viajar a Suecia *e Islandia. 올해 스웨덴과 아이슬란드를 여행할 예정이야.

*접속사 y 뒤에 i 소리가 나면 e라고 써줘야 해요.

2) O 혹은

· ¿Quieres un café o un té? 커피 마실래 아니면 차 마실래?

· ¿Vas a venir o no? 너 올 거야, 안 올거야?

· No sé si hay siete *u ocho niños. 아이들이 7명 있는지 8명 있는지 나는 잘 모르겠어.

*접속사 o 뒤에 o 소리가 나면 u라고 써줘야 해요.

3) Pero 그러나

· No tengo mucha hambre, pero voy a comer contigo. 나는 배가 고프지 않지만, 너랑 밥을 먹을 거야.

· No hay mucha gente, pero oigo mucho ruido. 많은 사람들이 없지만, 소음이 많이 들려.

4) Si 만약 ~하다면 / ~인지 아닌지

· Si hace buen tiempo, vamos a caminar mucho. 만약 날씨가 좋다면, 많이 걷자 우리.

· No sé si viene hoy él o no. 오늘 그가 오는지 오지 않는지 나는 잘 모르겠어.

5) Porque ~때문에

· No quiero tomar vino porque no me gusta beber.
와인 마시기 싫어, 왜냐면 술 마시는 걸 내가 안 좋아하거든.

· No puedo viajar estas vacaciones porque tengo mucho trabajo.
이번 휴가 때 여행을 못 갈 것 같아, 왜냐면 내가 일이 많거든

6) Aunque 비록 ~할 지라도

· La casa es muy famosa, aunque está lejos del centro.

그 집이 시내에서 멀리 떨어져 있을지라도, 그 집은 아주 유명하다.

· Mi hijo va a la playa, aunque no sabe nadar.　내 아들은 수영하는 법은 모르지만, 해변에 간다.

7) Ni ~도 아닌

· Mi padre no fuma ni bebe.　내 아버지는 담배도 안 피고 술도 안 마셔.
· Ella no conoce nada a Miguel, ni a Juan.　그녀는 미겔을 전혀 알지 못하고, 후안조차 모른다.

8) Cuando ~할 때

· Cuando estoy solo, me siento triste.　내가 혼자 있을 때 난 슬퍼.
· Vamos de compras cuando tienes tiempo.　너가 시간 있을 때 쇼핑가자!

핵심 문법 확인하기

-- 핵심 문법 내용을 확인하며 복습해볼까요?

01~05 빈 칸에 들어갈 알맞은 말을 고르세요.

01 **Tengo un lápiz _____ un libro.**

연필 한 자루와 책 한 권을 갖고 있어.

a) y   b) o   c) e   d) u

02 **No sé si hay siete _____ ocho niños.**

아이들 7명이 있는지 8명이 있는지 나는 잘 모르겠어.

a) y   b) o   c) e   d) u

03 **No tengo mucha hambre, _____ voy a comer contigo.**

나는 배가 고프지 않지만, 너랑 밥을 먹을 거야.

a) y   b) pero   c) porque   d) cuando

04 **No quiero tomar vino _____ no me gusta beber.**

와인 마시기 싫어, 왜냐면 술 마시는 걸 내가 안좋아하거든.

a) pero   b) cuando   c) porque   d) aunque

05 **Mi padre no fuma _____ bebe.**

내 아버지는 담배도 안 피고 술도 안 마셔.

a) y   b) o   c) ni   d) u

정답   ① a   ② d   ③ b   ④ c   ⑤ c

MEMO

스물다섯 번째 발걸음

오늘 배울 내용 ▶

- 의견표현하기
- 동사 pensar, creer, parecer
- 동사 decir, hablar

오늘의 대화에서는 의견표현하는 방법에 대해 배워볼게요.
핵심 문법에서는 동사 pensar, creer, parecer 와 decir, hablar 에 대해 배워보기로 해요.

오늘의 챌린지

✅ 순례길 걷기 챌린지 : 의견표현이 들어간 문장 2개 암기하기

✅ 스페인어 친해지기 챌린지 : 가장 좋아하는 스페인어 형용사 5개 이상 암기하기

📍 Camino de Santiago

오늘의 공부 tip

• 상대방의 대화에 맞장구를 치고 나의 의견까지 말할 줄 알면 왕초보 단계
는 졸업한 것이나 마찬가지!

대화 속에 들어가기

대화 속의 인물이 되어 오늘의 회화표현을 배워볼까요?

Ⓐ ¿En qué puedo servirle?

어떤 것을 제공해드릴까요?

Ⓑ ¿Puedo ver los trajes de baño? Porque tengo ganas de bañarme en el mar.

수영복들 좀 볼 수 있을까요? 해수욕을 하고 싶어서요.

Ⓐ Claro que sí. Tenemos varios modelos. ¿De qué color busca?

당연하죠. 다양한 모델들이 있는데요. 어떤 색상을 찾으세요?

Ⓑ Lo quiero rojo.

빨간 색으로 원해요.

Ⓐ ¡Fenómeno! ¿Qué le parece... este?

좋습니다! 그럼… 이것은 어떠세요?

Ⓑ ¡Qué lindo! Pero me parece que me va a quedar un poco chico.

귀엽네요! 하지만 제 생각엔 제게 조금 작을 것 같아요.

Ⓐ Entonces, ¿este?

그렇다면, 이것은요?

Ⓑ ¡Hermoso! ¿Puedo pagar con tarjeta?

아름다워요! 카드로 지불 가능한가요?

Ⓐ ¡Por supuesto!

당연하죠!

≫ **필수 어휘 외우기**

• servir	제공하다	• traje de baño ♂	수영복	• bañarse en el mar	해수욕하다
• varios/as	다양한	• modelo ♂♀	모델	• fenómeno	환상적인, 훌륭한
• quedar	남다, 어울리다	• chico/a	작은	• pagar	지불하다
• con tarjeta	카드로				

대화 확인하기

대화 속 주요 표현을 떠올리며 복습해 볼까요?

01~05 빈 칸에 들어갈 알맞은 말을 써보세요.

01

¿En qué puedo _____ ?

어떤 것을 제공해드릴까요?

02

¿Puedo ver los _____ _____ _____ ?

수영복 좀 볼 수 있을까요?

03

¿De qué _____ busca?

어떤 색상을 찾으세요?

04

¿Qué le _____ este?

이것은 어떠세요?

05

¿Puedo pagar _____ _____ ?

카드로 지불 가능한가요?

정답 ① servirle   ② trajes de baño   ③ color   ④ parece   ⑤ con tarjeta

상황 속 표현 익히기

←--- 대화 속에서 쓰였던 회화표현을 알아볼까요? ----

■ 의견표현하기

의견을 표현하고 동의하는 법을 배워보아요!

Pienso que sí.	그럴거야.
Pienso que no.	아닐거야.
Creo que sí.	그럴거야. (더 강한 확신)
Creo que no.	아닐거야. (더 강한 확신)
No creo.	절대 아니야. (더 강한 확신)
Por supuesto que sí.	당연하지.
Por supuesto que no.	당연히 아니지.
Claro que sí.	당연하지.
Claro que no.	당연히 아니지.
Me parece que sí / no.	내 생각엔 맞아 / 아니야. (개인적인 의견으로)
Supongo que sí / no.	내 추측엔 맞아 / 아니야. (추측컨대)
De acuerdo.	동의해.
Vale.	오케이.
Por supuesto.	물론이야.
Es verdad.	맞아.

01~05 빈 칸에 들어갈 알맞은 말을 써보세요.

01

_____ (pensar) que sí.

그럴거야.

02

_____ (creer) que no.

아닐거야.

03

_____ _____ que sí.

당연하지.

04

_____ _____ _____ sí.

내 생각엔 맞아.

05

_____ _____ .

동의해.

정답   ① Pienso   ② Creo   ③ Por supuesto   ④ Me parece que   ⑤ De acuerdo

핵심 문법 배우기

◀--- 오늘의 핵심 문법을 공부해볼까요? ---▶

1 동사 pensar, creer, parecer

이 3가지 동사는 의견을 표현할 때 쓰이는 동사에요.

pensar 생각하다			
yo	p**ie**ns**o**	nosotros, nosotras	pens**amos**
tú	p**ie**ns**as**	vosotros, vosotras	pens**áis**
él, ella, usted	p**ie**ns**a**	ellos, ellas, ustedes	p**ie**ns**an**

creer 믿다			
yo	cre**o**	nosotros, nosotras	cre**emos**
tú	cre**es**	vosotros, vosotras	cre**éis**
él, ella, usted	cre**e**	ellos, ellas, ustedes	cre**en**

parecer ~처럼 보이다			
yo	parez**c**o	nosotros, nosotras	parec**emos**
tú	parec**es**	vosotros, vosotras	parec**éis**
él, ella, usted	parec**e**	ellos, ellas, ustedes	parec**en**

예문)

· Pienso que él no va a venir. 내 생각엔 그는 오지 않을 거야.

· ¿Cómo lo piensas? 그것을 어떻게 생각해?

· Él piensa *en mí todo el día. 그는 하루종일 나를 생각해.

*pensar, creer 동사 뒤에 전치사 en 이 수반되면 '～에 대해 생각하다' 라는 의미가 돼요.

· Creo en Dios. 신을 믿어.

· ¿Crees que tenemos tiempo para comer? 우리가 먹을 시간이 있다고 믿어?

· No creo nada en ti. 너에 대해선 아무것도 믿지 않아.

· Me parece buena tu idea. 너의 생각은 좋은 생각처럼 보여.

· ¿Qué te parece si vamos al cine hoy? 오늘 영화관에 가는 거 어때?

· No me parece buena idea. 좋은 생각 같지는 않아.

핵심 문법 확인하기

← - - 핵심 문법 내용을 확인하며 복습해볼까요? - - - ↗

01~05 빈 칸에 들어갈 알맞은 말을 써보세요.

01

_____ (pensar) que él no va a venir.

내 생각엔 그는 오지 않을 거야.

02

Él _____ (pensar) en mí todo el día.

그는 하루종일 나를 생각해.

03

Yo _____ (creer) en Dios.

신을 믿어.

04

Me _____ (parecer) buena tu idea.

너의 생각은 좋은 생각처럼 보여.

05

Me _____ (parecer) que él no va a venir.

내 생각엔 그는 오지 않을 거야.

정답   ① Pienso   ② piensa   ③ creo   ④ parece   ⑤ parece

핵심 문법 배우기

오늘의 핵심 문법을 공부해볼까요?

2 동사 decir, hablar

두 동사 모두 "말하다"란 의미의 동사지만 문장 내에서 사용법이 조금 달라요. decir는 타동사지만 hablar는 목적어를 필요하지 않는 자동사에요.

hablar 말하다 (=speak)			
yo	hablo	nosotros, nosotras	hablamos
tú	hablas	vosotros, vosotras	habláis
él, ella, usted	habla	ellos, ellas, ustedes	hablan

decir 말하다 (=tell)			
yo	digo	nosotros, nosotras	decimos
tú	dices	vosotros, vosotras	decís
él, ella, usted	dice	ellos, ellas, ustedes	dicen

예문)

· Creo que hablamos muy rápido.   내 생각에 우리 말이 너무 빨랐던 것 같아.
· ¿Usted quiere hablar de algo?   당신은 말하고 싶은 것이 있으세요?
· Yo hablo *español.   스페인어 할 줄 알아.
· ¿Puedes hablar coreano?   한국어 할 줄 아니?

*hablar는 목적어를 필요로 하지 않는 자동사지만 목적어 자리에 언어가 올 경우 예외가 돼요.

· Yo solo digo la verdad.   나는 단지 진실만을 말해.
· ¿Qué me dices?   내게 뭐라고 말하는 거야?
· Me decís a qué hora venís.   너희들이 몇 시에 오는지 내게 말해줘.
· Su padre le dice algo importante a él.   그의 아버지는 그에게 어떤 중요한 것을 말한다.

핵심 문법 확인하기

핵심 문법 내용을 확인하며 복습해볼까요?

01~05 빈 칸에 들어갈 알맞은 말을 써보세요.

01

Creo que _____ **(hablar) muy rápido.**

내 생각에 우리 말이 너무 빨랐던 것 같아.

02

¿Puedes _____ **(hablar) coreano?**

한국어 할 줄 아니?

03

Yo solo _____ **(decir) la verdad.**

나는 단지 진실만을 말해.

04

¿Qué me _____ **(decir) tú?**

내게 뭐라고 말하는 거야?

05

Su padre le _____ **(decir) algo importante.**

그의 아버지는 그에게 어떤 중요한 것을 말한다.

정답 　① hablamos　② hablar　③ digo　④ dices　⑤ dice

267

스물여섯 번째 발걸음

스페인 가본 적 있어요?

오늘 배울 내용

- 헷갈리기 쉬운 동사들로 표현 만들기
- 부정어 표현

오늘의 대화에서는 의미가 비슷한 동사들 2개로 표현을 만들어 보구요.
핵심 문법에서는 부정어 표현에 대한 것을 배워보기로 해요.

📍 Camino de Santiago

오늘의 공부 tip

- 의미적으론 비슷할 지 몰라도 쓰임이 다른 동사들을 공부할 땐 예문암기가 필수라구요!

- 부정의 의미에 부스터를 달아줄 부정어 표현을 알고 있으면 더 강력한 의미의 부정문장을 만들 수 있어요.

대화 속에 들어가기

● - - - 대화 속의 인물이 되어 오늘의 회화표현을 배워볼까요? - - - - - -

Ⓐ Mi prima y yo pensamos ir a Corea de vacaciones.

내 사촌과 함께 휴가로 한국을 가볼까 생각중이야.

Ⓑ ¿Cuándo? Quiero conocer Corea pero nunca tengo tiempo.

언제? 한국 나도 가고 싶은데 시간이 전혀 없네.

Ⓐ Creo que el mes que viene. En junio.

내 생각엔 다음 달. 6월에.

Ⓑ ¡Qué envidia! ¿Tú ya conoces Corea?

질투난다! 한국 이미 가봤지?

Ⓐ Sí, he ido una vez. Pero hace mucho.

응. 한 번 가봤지. 하지만 완전 옛날이야.

Ⓑ ¿Sabes en qué van a ir?

어떻게 갈지는 알아?

Ⓐ En avión.

비행기로지.

≫ **필수 어휘 외우기**

• primo/a ♂♀	사촌	• de vacaciones	휴가로	• el mes que viene	다음날
• envidia ♀	질투심	• he ido	(나) 가본 적 있어	• una vez	한 번
• hace mucho	완전 예전에				

270

대화 확인하기

←--- 대화 속 주요 표현을 떠올리며 복습해 볼까요?

01~05 빈 칸에 들어갈 알맞은 말을 써보세요.

01

Mi prima y yo _____ ir a Corea de vacaciones.

내 사촌과 함께 휴가로 한국을 가볼까 생각중이야.

02

Quiero _____ Corea pero nunca tengo tiempo.

한국 나도 가고 싶은데 시간이 전혀 없네.

03

¡Qué _____ !

질투난다!

04

Pero _____ _____ .

하지만 완전 옛날이야.

05

¿ _____ en qué van a ir?

어떻게 갈지는 알아?

정답   ① pensamos   ② conocer   ③ envidia   ④ hace mucho   ⑤ Sabes

상황 속 표현 익히기

←--- 대화 속에서 쓰였던 회화표현을 알아볼까요? ----

■ 헷갈리기 쉬운 동사들로 표현만들기

비슷한 의미의 동사들은 예문으로 공부해야 헷갈리지 않아요!

1) saber (지식&정보를 알다) vs. conocer (경험을 해서 알다)

· ¿Sabes de España?   스페인에 대하여 알아?
· ¿Conoces España?   스페인 가본 적 있어? (가봐서 이미 알고 있어?)

· ¿Sabes quién es María?   마리아가 누군지 알아? (그녀의 정보에 대해 알아?)
· ¿Conoces a María?   너 마리아란 애 알아? (아는 사이야?)

· No lo sé.   나는 그걸 몰라요.
· No lo conozco.   나는 그를 몰라요.

2) ver (see 보다) vs. mirar (watch 바라보다)

· Yo veo muchos coches.   많은 차들이 보여.
· Yo veo el cielo azul.   파란 하늘을 보여.

· Mira esa chica.   그 소녀를 봐봐.
· Yo miro al cielo azul.   나는 파란하늘을 바라보고 있어.

3) oír (hear 들리다) vs. escuchar (listen 듣다)

· Oigo un ruido en la calle.   길거리에서 소음이 들려요.
· ¿Me oyes?   나 들려?

· Escucho la radio.   라디오를 들어요.
· ¿Me escuchas?   내 말 듣고 있어?

01~05 빈 칸에 들어갈 알맞은 말을 써보세요.

01

¿＿＿＿＿＿＿ de España?

스페인에 대하여 알아?

02

¿＿＿＿＿＿＿ España?

스페인 가본 적 있어?

03

Yo ＿＿＿＿＿ el cielo azul.

파란 하늘이 보여.

04

Yo ＿＿＿＿＿＿ al cielo azul.

나는 파란 하늘을 보고 있어.

05

＿＿＿＿＿＿＿ un ruido.

소음이 들려요.

06

＿＿＿＿＿＿＿ la radio.

라디오를 들어요.

정답　① Sabes　② Conoces　③ veo　④ miro　⑤ Oigo　⑥ Escucho

핵심 문법 배우기

■ 부정어 표현 배우기

부정어를 사용한 구문들은 유용한 표현들을 만들어내요.

1) Ni 조차도 아니다

· Ella no va a venir ni te va a llamar. 그녀는 오지 않을 것이고, 너에게 전화조차 하지 않을거야.
· Mi hermano no come ni de día ni de noche. 나의 형은 낮에도 저녁에 조차도 먹지 않는다.

2) Nunca 결코 ~않다

· Nunca me levanto por la mañana. 절대 나는 아침에 일어나지 않아.
· Mi gato nunca come verduras. 나의 고양이는 절대 채소를 먹지 않아.

3) No ~ sino ~가 아니라 ~이다

· Mi coche no es azul sino blanco. 나의 자동차는 파란색이 아니라 하얀색이야.
· No vamos a estudiar, sino que vamos a descansar. 우린 공부할 예정이 아니라 쉴 거야.

4) No solo ~ sino también ~일 뿐 아니라 ~도 그렇다

· Quiero visitar no solo Madrid, sino también Barcelona.
마드리드뿐만 아니라 바르셀로나도 방문하고 싶어.
· Ana no solo es simpática, sino que también trabaja bien.
아나는 친절한 것 뿐만 아니라 일도 잘해.

5) Nada más 동사원형 ~하자마자

· Nada más terminar de trabajar, llámame. 일이 끝나자마자, 내게 전화해.
· Nada más empezar a llover, vamos a entrar en el albergue.
비가 내리기 시작하자마자, 알베르게에 들어가자.

01~05 빈 칸에 들어갈 알맞은 말을 고르세요.

01 **Ella no va a venir _____ te va a llamar.**

그녀는 오지 않을 것이고, 너에게 전화조차 하지 않을거야.

a) ni   b) nunca   c) sino   d) sino también

02 **Mi gato _____ come verduras.**

나의 고양이는 절대 채소를 먹지 않아.

a) ni   b) nunca   c) sino   d) sino también

03 **Mi coche no es azul _____ blanco.**

나의 자동차는 파란색이 아니라 하얀색이야.

a) ni   b) nunca   c) sino   d) sino también

04 **Quiero visitar no solo Madrid _____ Barcelona.**

마드리드뿐만 아니라 바르셀로나도 방문하고 싶어.

a) ni   b) nunca   c) sino   d) sino también

05 **_____ terminar de trabajar, llámame.**

일이 끝나자마자, 내게 전화해.

a) Nada más   b) Nunca   c) Sino   d) Sino también

정답   ① a   ② b   ③ c   ④ d   ⑤ a

275

스물일곱 번째 발걸음

서울에서 볼 것이
무엇이 있나요?

오늘 배울 내용 ▸
- 한국 소개를 위한 표현
- 특정 전치사와 함께 쓰이는 동사들

오늘의 대화에서는 한국을 소개하기 위한 표현들을 배우고,
핵심 문법에서는 특정 전치사와 함께 쓰이는 동사들을 배워볼 거예요.

오늘의 챌린지

- ✓ 순례길 걷기 챌린지 : 스페인어로 한국을 소개하기 위한 표현 암기하기
- ✓ 스페인어 친해지기 챌린지 : 스페인어로 짧은 편지글 써보기

📍 Camino de Santiago

오늘의 공부 tip

- • 외국에선 여러분들이 바로 한국홍보대사! 한국과 관련된 표현 몇 개는 암기해놓기로 해요!
- • 동사 뒤에 자주 나오는 전치사는 동사와 함께 암기하는 것이 좋아요!

📍 대화 속에 들어가기

← - - - 대화 속의 인물이 되어 오늘의 회화표현을 배워볼까요? - - - - - →

Ⓐ ¡Qué ganas de conocer Seúl! ¿Cómo es tu ciudad?

서울 가고 싶다! 너의 도시는 어때?

Ⓑ Seúl es una ciudad muy grande y muy poblada.

서울은 아주 크고 인구가 많은 도시야.

Ⓐ ¿Cuántos habitantes hay allí?

거긴 몇 명의 인구가 있어?

Ⓑ Viven alrededor de trece millones.

대략 1300만명이 살아.

Ⓐ ¡Es mucho! ¿Qué hay para ver en Seúl?

많다! 서울엔 볼 것이 무엇이 있어?

Ⓑ Hay muchos palacios antiguos para visitar y muchas montañas muy bonitas.

방문할 만한 오래된 성들도 많고 아주 예쁜 산들도 많아.

Ⓐ ¿Es fácil de recorrer?

돌아다니기 쉬워?

Ⓑ Claro. Tenemos el transporte público.

그럼. 대중교통이 있거든.

≫ **필수 어휘 외우기**

• ciudad ♀	도시	• poblado/a	인구가 많은
• alrededor de	대략	• millón ♂	백만
• montaña ♀	산	• recorrer	돌아다니다

• habitante ♂	인구
• palacio ♂	성
• transporte público ♂	대중교통

01~05 빈 칸에 들어갈 알맞은 말을 써보세요.

01

¡Qué _____ de conocer Seúl!

서울 가고 싶다!

02

Seúl es una ciudad muy grande y muy _____ .

서울은 아주 크고 인구가 많은 도시야.

03

¿Cuántos _____ hay allí?

거긴 몇 명의 인구가 있어?

04

Viven _____ _____ trece millones.

대략 1300만명이 살아.

05

¿Qué hay _____ _____ en Seúl?

서울엔 볼 것이 무엇이 있어?

정답 　 ① ganas 　 ② poblada 　 ③ habitantes 　 ④ alrededor de 　 ⑤ para ver

상황 속 표현 익히기

--- 대화 속에서 쓰였던 회화표현을 알아볼까요?

■ 한국 소개를 위한 표현 만들기

현지에서 써볼 수 있는 표현 몇 개는 암기를 해서 현지인들에게 표현해보도록 해요!

질문하기	대답하기
¿Cuántos habitantes? 인구가 얼마나 있나요? **¿Qué hay** para ver en Seúl? 서울에서 볼 것이 무엇이 있나요? **¿Qué puedo hacer en** Corea? 한국에선 무엇을 할 수 있나요?	Seúl es **una ciudad muy grande**. 서울은 아주 큰 도시에요. Y está **muy poblada**. 그리고 인구가 아주 많아요. Hay **muchos palacios antiguos** para visitar. 방문할 만한 오래된 궁들이 많아요. También hay **muchas montañas muy bonitas**. 또한 아주 예쁜 산들이 많아요. El transporte es **muy barato y moderno**. 교통수단이 아주 저렴하고 현대적이에요. La comida de Corea es **fantástica**. 한국의 음식은 환상적이야. Hay **muchos restaurantes para visitar**. 방문할 만한 식당들이 많아요. Corea es **famosa por** BTS. BTS로 한국은 유명해요.

⬤ 📍 **표현 확인하기**

◀--- 주요 회화 표현을 확인하며 복습해볼까요? ---▶

`01~05` 빈 칸에 들어갈 알맞은 말을 써보세요.

01

¿ _____ _____ ?

인구가 얼마나 있나요?

02

¿Qué _____ _____ en Corea?

한국에선 무엇을 할 수 있나요?

03

Hay muchos _____ _____ para visitar.

방문할 만한 오래된 궁들이 많아요.

04

El transporte es muy _____ y _____ .

교통수단이 아주 저렴하고 현대적이에요.

05

La comida de Corea es _____ .

한국의 음식은 환상적이야.

정답 ① Cuántas habitantes ② puedo hacer ③ palacios antiguos ④ barato, moderno ⑤ fantástica

핵심 문법 배우기

■ 특정 전치사와 함께 쓰이는 동사들

어떤 동사들은 특정 전치사와 함께 쓰이곤 해요.

1) 전치사 a 와 함께 오는 동사들

① empezar a 동사원형 ～을 시작하다

· La tienda se empieza a abrir pronto. 가게는 곧 열기 시작한다.

② comenzar a 동사원형 ～을 시작하다

· El profesor comienza a hablar. 선생님은 말하기 시작한다.

③ aprender a 동사원형 ～을 배우다

· Mi tío aprende a hablar en español. 나의 삼촌은 스페인어로 말하는 것을 배운다.

④ ir a 동사원형 ～을 할 예정이다

· Voy a visitar Francia. 프랑스에 방문할 예정이야.

⑤ venir a 동사원형 ～을 하러 올 예정이다

· ¿Cuándo venís a conocer mi país? 너희들은 우리나라를 알기 위해 언제 올거야?

2) 전치사 de 와 함께 오는 동사들

① terminar de 동사원형 ～를 끝내다

· Vamos a terminar de hablar. 이야기하는 것을 끝내도록 하자.

② dejar de 동사원형 ～를 그만두다

· ¿Cuándo vas a dejar de trabajar? 언제 일하는 것을 그만둘거야?

③ acabar de 동사원형 ～한지 얼마 안되다

· Yo acabo de llegar aquí. 막 여기 도착했어.

3) 전치사 **con** 과 함께 오는 동사들

① soñar con ~를 꿈꾸다

· Quiero soñar contigo. 너를 꿈꾸고 싶어. (너가 꿈에 나왔으면 좋겠어.)

② salir con ~와 함께 외출하다, ~와 데이트하다, ~와 사귀다

· ¿Quieres salir conmigo? 나와 데이트갈래?

4) 전치사 **en** 과 함께 오는 동사들

① pensar en ~에 대하여 생각하다

· Pienso mucho en ti. 너에게 대해 많이 생각해.

② creer en ~에 대하여 믿다

· No creo en Dios. 신을 믿지 않아.

핵심 문법 내용을 확인하며 복습해볼까요?

01~05 빈 칸에 들어갈 알맞은 말을 고르세요.

01 La tienda se _____ a abrir pronto.

가게는 곧 열기 시작한다.

a) empieza   b) aprende   c) va   d) viene

02 Mi tío _____ a hablar en español.

나의 삼촌은 스페인어로 말하는 것을 배운다.

a) empieza   b) aprende   c) va   d) viene

03 ¿Cuándo _____ a conocer mi país?

너희들은 우리나라를 알기 위해 언제 올거야?

a) empezáis   b) vais   c) venís   d) termináis

04 Vamos a _____ de hablar.

이야기하는 것을 끝내도록 하자.

a) terminar   b) aprender   c) ir   d) empezar

05 ¿Cuándo vas a _____ de trabajar?

언제 일하는 것을 그만둘거야?

a) aprender   b) ir   c) dejar   d) soñar

정답   ① a   ② b   ③ c   ④ a   ⑤ c

06~10 빈 칸에 들어갈 알맞은 말을 고르세요.

06 Yo _____ de llegar aquí.

막 여기 도착했어.

a) empiezo   b) vengo   c) acabo   d) sueño

07 Quiero _____ contigo.

너를 꿈꾸고 싶어(너가 꿈에 나왔으면 좋겠어).

a) dejar   b) venir   c) acabar   d) soñar

08 ¿Quieres _____ conmigo?

나와 데이트갈래?

a) salir   b) creer   c) pensar   d) terminar

09 _____ mucho en ti.

너에게 대해 많이 생각해.

a) Empiezo   b) Creo   c) Pienso   d) Termino

10 No _____ en Dios.

신을 믿지 않아.

a) voy   b) vengo   c) pienso   d) creo

정답   ⑥ c   ⑦ d   ⑧ a   ⑨ c   ⑩ d

스물여덟 번째 발걸음

종교가 있어요?

오늘 배울 내용 ▷　• 종교와 관련된 표현
　　　　　　　　　　• 비인칭구문

오늘의 대화에서는 종교와 관련된 표현들을 배우고,
핵심 문법에서는 비인칭 구문을 배우면서 마무리 할까요?

오늘의 챌린지

✓ 순례길 걷기 챌린지 : 먼 거리의 트레킹 코스 다녀오기

✓ 스페인어 친해지기 챌린지 : 유명인들의 스페인어 인터뷰 찾아 보기

📍**Camino de Santiago**

오늘의 공부 tip

• 가톨릭 문화가 짙은 스페인어권 국가에선 종교적인 질문을 받을 수 있답니다!

• 마지막까지 ¡Ánimo!

대화 속에 들어가기

대화 속의 인물이 되어 오늘의 회화표현을 배워볼까요?

Ⓐ ¿Eres religiosa, Mina?

미나는 종교가 있어?

Ⓑ No, no soy religiosa, pero creo en Dios.

아니, 종교는 없지만, 신의 존재는 믿어.

Ⓐ De hecho, yo también. Pero cuando yo era pequeño, era católico por mi familia.

사실, 나도 그래. 하지만 내가 어렸을 때는 가족때문에 가톨릭이었어.

Ⓑ ¿De verdad? Si quieres, vamos a visitar la catedral que está por el centro.

진짜? 너가 원한다면, 도심에 있는 대성당 방문하러 가자.

Ⓐ Vale. ¡Me gustaría!

오케이. 좋지!

Ⓑ Allí vamos a encender unas velas.

거기서 초 몇 개를 밝히자.

≫ **필수 어휘 외우기**

• religioso/a	종교가 있는	• creer	믿다	• Dios ♂	신
• cuando	~때	• pequeño	작은, 어린	• ¿De verdad?	진짜?
• católico/a	가톨릭의	• por	~때문에	• encender	불을 붙이다
• catedral ♀	대성당	• centro ♂	도심	• vela ♀	초
• era	ser동사의 1 · 3인칭 단수 불완료 과거형				

288

대화 확인하기

- - - 대화 속 주요 표현을 떠올리며 복습해 볼까요?

01~05 빈 칸에 들어갈 알맞은 말을 써보세요.

01

¿Eres _____ ?

너는 종교가 있어?

02

No soy _____ pero creo en _____ .

종교는 없지만, 신의 존재는 믿어.

03

Yo era _____ por mi familia.

가족때문에 가톨릭이었어.

04

_____ _____ , vamos a visitar la catedral que está por el centro.

너가 원한다면, 도심에 있는 대성당 방문하러 가자.

05

Vamos a _____ unas velas.

초 몇 개를 밝히자.

정답 ① religioso, religiosa ② religioso, religiosa/Dios ③ católico, católica ④ Si quieres ⑤ encender

상황 속 표현 익히기

● --- 대화 속에서 쓰였던 회화표현을 알아볼까요? ----

■ 종교와 관련한 표현 해보기

가톨릭이 주요 종교인 스페인어권 국가에서 필수일 수도 있는 질문이에요!

질문하기	대답하기
¿Eres religioso/a? 신앙이 있나요(종교인**인가요**)? **¿Eres** católico/a? 가톨릭**인가요**? **¿Practicas** o no practicas? 미사에 가나요, 안 가나요(**미사활동을 하나요**)? **¿Vas a** la iglesia? 교회**에 가나요**?	Soy **ateo/a**. 나는 **무신론자**야. Yo no soy religioso/a pero **creo en** Dios. 나는 종교는 없지만 신의 존재는 **믿어**. **Hay una misa** para peregrinos. 순례자들을 위한 **미사가 있어요**. Vamos a **visitar la catedral**. **성당 방문**하러 가자. Me gustaría **encender una vela**. **초를 하나 밝히고** 싶은데요.

표현 확인하기

주요 회화 표현을 확인하며 복습해볼까요?

01~05 빈 칸에 들어갈 알맞은 말을 써보세요.

01

¿_____ o no _____?

미사에 가나요, 안 가나요?

02

Soy _____.

나는 무신론자야.

03

Hay una misa para _____.

순례자들을 위한 미사가 있어요.

04

Vamos a visitar el _____.

성당 방문하러 가자.

05

Me gustaría encender una _____.

초를 하나 밝히고 싶은데요.

정답 ① Practicas, practicas　② ateo, atea　③ peregrinos　④ catedral　⑤ vela

핵심 문법 배우기

● - - - 오늘의 핵심 문법을 공부해볼까요? - - - - - -

■ **비인칭구문**

비인칭구문은 주어가 없는 문장으로 존재, 날씨 등을 표현하거나 일반화하는 문장을 사용하고 싶을 때 쓰게 돼요.
주어가 없는 문장이므로 동사는 3인칭 단수 변화를 하게 돼요.

1) hay 동사를 활용한 존재의 표현

· Hay mucha gente hoy. 오늘 사람이 많네.
· *Hay que estudiar mucho. 공부를 많이 해야한다.

* 열 세 번째 발걸음에서 배운 의무표현 tener que 와는 달리 주어가 없는 의무표현이므로 우리 모두가 지켜야 할 의무표현을 나
 타낼 때 hay que 를 쓰게 되요.

2) 날씨를 표현하는 비인칭 구문

· Hace buen tiempo. 좋은 날씨네요.
· Llueve mucho. 비가 많이 와요.
· Está nevando un poco. 눈이 조금 오는 중이에요.

3) 어떤 정의문장을 만들고 싶을 땐 es + 형용사 구문

· Es importante pensar en el futuro. 미래를 생각하는 것은 중요하다.
· Es mejor no comprar cosas de mala calidad. 나쁜 품질의 물건들을 구입하지 않는 것이 더 낫다.

4) 문장을 일반화하고 싶을 땐 재귀대명사 se를 이용한 비인칭 구문

· Se vive mejor ahora. 지금 사는 것이 더 낫다(지금의 삶이 더 낫다).
· Se come bien en el nuevo restaurante. 새로 생긴 식당은 음식이 잘 나오는 편이다.

핵심 문법 확인하기

- - - 핵심 문법 내용을 확인하며 복습해볼까요? - - - -

01~05 빈 칸에 들어갈 알맞은 말을 써보세요.

01

_____ **mucha gente hoy.**

오늘 사람이 많네.

02

_____ **buen tiempo.**

좋은 날씨네요.

03

_____ **mucho.**

비가 많이 와요.

04

_____ _____ **pensar en el futuro.**

미래를 생각하는 것은 중요하다.

05

_____ _____ **mejor ahora.**

지금 사는 것이 더 낫다(지금의 삶이 더 낫다).

정답 ① Hay   ② Hace   ③ Llueve   ④ Es importante   ⑤ Se vive

4코스 🖈 아스토르가에서 산티아고 데 콤포스텔라까지 완주!

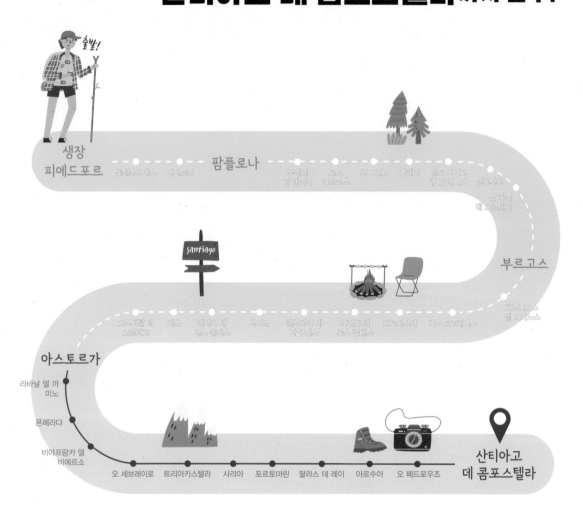

출발!

생장 피에드포르
콜체스바체스
라칸소나
팜플로나
푸엔테
라 레이나
에스
아르코스
로그로뇨
나헤라
산토 도밍고
데 라 칼사다
벨로라도
산 후안
데 오르테가
부르고스
오스피탈
델 카미노
델 가미노

오스피탈 데
오르비고
레온
만시야 데
라스 물라스
사아군
칼사디아 데
라 쿠에사
카리온 데
로스 콘데스
프로미스타
카스트로헤리스

아스토르가

라바날 델 까
미노

폰페라다

비야프랑카 델
비에르소

오 세브레이로   트리아카스텔라   사리아   포르토마린   팔라스 데 레이   아르수아   오 페드로우조

산티아고
데 콤포스텔라

💬 응원메세지

¡Fue lindo! 아름다웠어! 혹은 사랑스러웠어!란 뜻의 표현인데요, 스페인어의 형용사 lindo/a는 "사랑스러운" 이란 뜻 외에도 긍정적이고 좋은 뉘앙스의 무엇인가를 표현하고 싶을 때 많이 쓰는 어휘입니다. "어제 식사는 어땠어?", "오늘 순례길은 어땠어?" 처럼 과거의 안부를 묻는 질문에 간편하게 그리고 애정을 담아 표현할 수 있는 문장이 바로 ¡Fue lindo!입니다. 4번째 코스까지의 긴 학습여정도 언제나 그랬듯 '아름다웠나요?' 여러분이 도전할 순례길도 lindo/a라는 말처럼 아름답기를 기원합니다.

📍 순례길에서 꼭 먹어야 할 음식이 있을까?

미식의 나라, 스페인에서 순례길을 걷는다면 매일 어떤 요리를 먹을까 하는 행복한 고민에 빠지게 될 거예요. 하루 종일 걷느라 체력소비가 상당한 순례자들을 위한 "순례자 메뉴(Menú para peregrinos)"가 존재하는데요, 식당마다 차이는 존재하나 저렴한 가격으로 에피타이저부터 본식 그리고 음료&디저트까지 제공하는 곳이 많아 든든한 한 끼를 먹을 수 있어요. 아무래도 유산소 위주의 걷기운동을 하는 순례자들이 먹는 메뉴인만큼 충분한 탄수화물 보충을 위한 요리(감자, 빵, 파스타 등)와 함께 고단백질(돼지고기, 치킨 등)이 들어간 구성이 많아요.

스페인 서쪽으로 이동할 수록 대서양에서 잡히는 해산물 요리가 유명하기에 산티아고로 가까워질 무렵 해산물 메뉴를 시켜서 먹어보는 걸 추천해요. 특히 문어요리에 거부감이 없는 한국인들에겐 뿔뽀(Pulpo a la gallega), 스페인식 문어숙회 요리를 추천 드려요! 와인 한 잔과 곁들여 먹는 미식메뉴로 안성맞춤이거든요!

CARNET DE PÈLERIN DE SAINT-JACQUES

"Credencial del Peregrino"

Camino de Santiago

Teminé el camino
de Saint Jean Pied de Port a Pamplona.

Teminé el camino
de Pamplona a Burgos.

Teminé el camino
de Burgos a Astorga.

Teminé el camino
de Astorga a Santiago de Compostela.

Santiago
de Compostela

Nombre

Teminé el camino
de Saint Jean Pied de Port a Santiago de Compostela.

Dada en Compostela, Meta del Camino de Santiago,

el día _____ del mes _____ del año _____ .

산티아고 순례길 생존 스페인어

유료 강의

문법부터 확실하게 4주 챌린지

입문자부터 초보까지 쉽게 들을 수 있습니다

CEFR(*Common European Framework of Reference for Languages, 2000년 유럽평의회에서 채택한 외국어 교육 기준)을 기준으로, **일상 회화가 가능한 초급 수준의 강의입니다.**

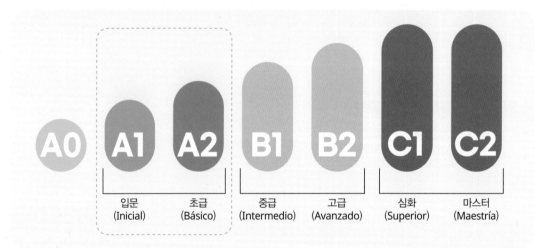

A0	A1	A2	B1	B2	C1	C2
	입문 (Inicial)	초급 (Básico)	중급 (Intermedio)	고급 (Avanzado)	심화 (Superior)	마스터 (Maestría)

◇ 학습 대상 ◇

 입문~초급

1 스페인어는 모르지만 산티아고 순례길을 도전해 보고 싶어요!

2 쉽고 재미있게 스페인어를 공부하고 싶습니다!

3 한 달 안에 빠르고 쉽게 스페인어 초급, 마스터 할 수 없나요?

◆ 강의 범위 ◆

 산티아고 순례길 여정을 통해 자연스럽게 터득하는 스페인어 문법입니다

스페인어 기초문법	어휘	파닉스
70%	**20%**	**10%**

강사 소개

안녕하세요, 천예솔입니다!

"스페인어는 역사다."

언어 속의 역사는 외국어 공부를 다양한 관점으로 바라보게 해줍니다.
그 역사와 문화까지 이해했을 때 비로소 우리는 스페인어를
제대로 공부했다고 할 수 있죠.

그런 의미에서 산티아고 순례길은
스페인의 유수한 역사와 문화를 경험할 수 있는 최고의 강의입니다.
반디와 함께 떠나는 스페인어 학습의 여정,
그 시작은 순례길입니다!

현 메가스터디교육 스페인어 강사
현 대교 우주런 대표 강사
현 국제 NGO Vía Campesina 통역가

EBS1 세계테마기행
부에노스아이레스대학교 대학원
중앙대학교 신문학부 학사

산티아고 순례길에서 배우는

한 걸음
한 걸음
스페인어
회화